# 수도권에
# 내 아파트
### 한 채 없겠어?

대체불가
유망 입지지도 TOP16

# 수도권에
# 내 아파트
## 한 채 없겠어?

갓서블 지음

매일경제신문사

$$\text{차례}$$

차례

# ❶ 자산을 늘리는 부동산, '입지'가 답이다

# ⑥ 입지에 인사이트를 더하다

# 방대한 수도권 입지를
# 가장 명료하고 간결하게 정리한 임장노트

부끄럽지만 처음에는 나도 입지를 잘 몰랐다. 허름한 아파트에 어떻게 사나 싶었다. 사람들이 말하는 첫째도 입지, 둘째도 입지라는 말을 머리로는 이해했지만 가슴으로 받아들이기는 어려웠다. 입지를 잘 몰라서 겉으로만 좋아 보이는 아파트에 혹하기도 했다. 아무리 입지가 좋아도 허름한 구축 아파트는 늘 성에 차지 않았다.

입지 좋은 신축, 즉 두 마리 토끼를 다 갖고 싶었다. 누구나 그렇지 않겠는가? 하지만 현실은 어떤가? 선택지가 거의 없었다. 한 마디로 보는 눈은 없으면서 눈만 높았던 것이다. 지금에서야 말할 수 있지만 입지는 무조건 공부해야 한다. 이 책은 그 부분을 제대로 짚어주고 있다. 입지를 아는 것과 모르는 것의 차이는 엄청나다. 시간이 지날수록 자산 격차가 커질 것이다. 그래서 입지 위에 상품성을 얹어야 한다.

입지를 이해하고 나서는 선택지가 매우 많아졌다. 지금 당장의 조건은 아쉽지만 추후 교통 호재가 있는 곳, 일자리가 늘어나는 곳, 학군이 좋아서 시간이 지나도 수요가 탄탄한 곳 등 그 어디도 버릴 곳이 없었다. 생각이 '다 마음에 안 들어'에서 '도대체 어디를 선택해야 될까?'로 바뀌었다. 행복한 고민이지만 사실 초보자에게는 '일하기도 바쁜데 이런 것까지 공부해야 한다고?' 소리가 절로 나는 고통의 시간이다.

서울보다 선택하기 어렵고 넓은 곳이 경기도 권역이다. 너무 광활하다. 서울 강남 출퇴근이라고 가정했을 때 선택가능한 경기도 거주지는 너무나 많다. 이 모든 지역의 입지를 이해하고 내 집 마련하는 것은 거의 불가능하다. 물리적인 시간이 너무나 많이 소요된다. 누군가 나 대신 입지를 잘게 쪼개주고, 도시의 권역별 특징과 선호 아파트를 정리해주고, 그 이유까지 달아준다면 얼마나 좋을까? 여기서 나아가 30대, 40대, 50대, 노후를 위한 추천 입지까지 알려준다면 환상적이지 않을까?

이 책에는 그 모든 게 담겨 있다. 특히 경기도 도시별 입지를 간결하게 분석하고 있다. 장황하게 떠드는 것은 누구나 할 수 있다. 하지만 선택이 쉽도록 간결하게 말하는 것은 어렵다. 도시별로 몇 개의 생활 권역을 나누고 그곳에서 '학군지 ONE PICK', '변화가 많은 곳의 ONE PICK', '실거주 ONE PICK'과 같은 형태로 거주 목적에 맞는 추천지역까지 안내하고 있다.

나는 저자가 초심자 시절부터 전국에 임장 다니는 모습을 지켜봐왔다. 주말 새벽이면 이미 지방 어느 현장을 돌고 있었다. 이후에는 어김없이 임장기가 카페에 올라왔다. 기록하듯 여행하듯 전국을 다닌 결과물이 이 책이다. 갓서블 저자의 노력에 감동하며 모든 이에게 이 책을 추천한다.

**유튜브 푸릉 김재수(렘군)**

## 진정한 입지 전문가가
## 발로 뛰어 얻은 생생하고 예리한 분석

갓서블님은 경기도 전문가입니다. 언젠가 그의 강의를 들을 기회가 있었
는데 그때 적잖이 놀랐습니다. 젊은 분이 경기도 구석구석 모르는 곳이 없었
고 입지를 바라보는 안목이 남달랐기 때문이었죠. 얼마나 많이 현장을 다녔
는지, 얼마나 많은 공부를 하고 경험을 했는지 한눈에 알 수 있었습니다. 그는
시쳇말로 '찐' 전문가입니다.

내가 가진 예산으로 가장 괜찮은 부동산을 사고 싶다면 입지 공부는 필수
입니다. 같은 돈으로 A아파트를 샀느냐 B아파트를 샀느냐에 따라 5년 뒤,
10년 뒤 자산 격차가 크게 벌어지기 때문이죠. 입지 공부가 선행된 분들은 큰
실수 없이 수익률 높은 투자를 할 수 있습니다. 투자의 본질이 그곳에 있기 때
문이죠. 반면 입지에 대한 이해도가 낮은 분들은 여기저기 다니며 투자를 많
이 한다 해도 큰돈을 벌지 못할 확률이 높습니다. 가장 중요한 것을 놓치고 있
기 때문입니다. 그만큼 입지의 중요성은 크다고 할 수 있습니다.

경기도는 서울과 함께 대한민국 부동산에서 가장 중요한 위치를 차지하
는 곳입니다. 지역이 방대하고 각 지역의 특성이 달라 입지에 대한 공부를 꼼

꼼하게 해야 하는 곳이죠. 경기도에서 내 집 마련을 하거나 상급지로 갈아타기를 하시려는 분들은 이 책을 통해서 입지 공부를 하시기 바랍니다. 이 책에는 경기도 각 지역의 핵심적인 정보가 잘 담겨 있습니다. 특히 각 입지를 해석하는 저자의 예리하고도 스마트한 관점이 독자 여러분의 부동산 공부와 투자에 큰 도움이 되리라 확신합니다.

**다꿈스쿨 대표 유대열(청울림)**

# 모든 부동산은 입지로부터 시작해야 한다

주식투자 유형을 기간으로 분류하면 단기투자와 장기투자가 있다. 단기투자로 대표되는 트레이딩과 장기투자로 대표되는 가치투자다. 부동산 투자도 마찬가지다. 흐름을 보면서 투자하고 2~4년 후 빠져나오는 '흐름투자'와 저평가된 입지를 사서 오를 때까지 기다리는 '가치투자'로 나눌 수 있다. 그리고 아파트를 사는 방법에 따라서 경매와 일반 매매로 나뉜다. 상품에 따라 재건축, 재개발, 리모델링 아파트를 거래하는 '시세 차익형 투자'와 오피스텔, 상가, 지식산업센터 등을 매입하는 '수익형 투자'로 분류한다. 그러나 어떤 유형이든 관계없이 투자 과정은 모두 '입지 이해'로 시작한다.

① 가치투자: 입지 이해 → 저평가 판단
② 흐름투자: 입지 이해 → 저평가 판단 → 흐름 판단

③ 시세 차익형 투자: 입지 이해 → 사업성 평가 → 저평가 판단 → 실현 가능성 판단

④ 수익형 투자: 입지 이해 → 수익률 계산 → 안정성 판단

결국 부동산은 입지 이해가 밑바탕이 되어야 함을 알 수 있다. 매수하고자 하는 입지의 위상이 도시 내에서 어떤지, 더 나아가 수도권과 전국으로 범위를 넓혀 비교하면 어떤지, 그리고 현재 가치보다 미래 가치가 높아질지 가늠하기 위해서는 입지 이해가 탄탄해야 한다. 입지를 이해하지 않고 부동산에 뛰어드는 건 모래 위에 쌓은 성과 같다.

처음 부동산 투자를 하는 분들은 경매로 시작하는 경우가 적지 않다. 낙찰받을 아파트의 입지를 이해하지 못하고 싸게 사는 방법론에만 몰두하는 경우다. 실거주도 마찬가지다. 내가 사려는 집의 교통이 앞으로 어떻게 변할 것인지, 학군으로 수요가 몰려드는 곳인지, 수요가 떠날 곳인지, 개발계획으로 미래 가치가 어떻게 변화할 것인지 등 입지에 대한 정확한 이해가 필요하다.

## ♥ 아파트의 가치는 입지+상품성이다

실거주 구매와 투자를 고려할 때에는 가격이 가장 중요하다. 좋은 가격에 산다는 건 현재 가치보다 미래 가치가 높아질 곳을 선점하는 것이다. 아파트를 좋은 가격으로 사려면 어떻게 해야 할까? 아파트 가치를 이해할 수 있어야 한다.

아파트의 가치 판단 기준은 크게 입지와 상품성으로 나눌 수 있

다. 입지는 곧 선호도다. 직장에 가기 편하고, 아이들 교육하기 좋고, 생활 편의성이 있을수록 좋은 입지라고 할 수 있다. 또 상품성은 매물의 연식이나 아파트 내부시설로 판가름된다. 구축과 신축 아파트의 연식이 벌어지면서 점차 3~4세대 아파트가 등장하고 있다. 교통과 교육환경이 조금 불편해도 상품성 좋은 새 아파트는 사람들의 수요가 몰린다.

아파트의 가치는 고정 불변하지 않고 점점 변하는 생물 같은 존재다. GTX, 신안산선, 월곶판교선, 서해선 등의 교통 호재로 입지 위상이 바뀐다. 오래된 빌라나 구축 아파트가 재건축, 재개발, 리모델링되면 상품성이 완전히 바뀌어 선호도가 달라진다. 이전에는 볼품없던 동네가 새 아파트 밀집 지역으로 바뀌거나, 주차도 불편하고 녹물이 나오던 아파트가 지하 주차장 공사로 고급화될 때 가치가 오를 수밖에 없다. 이렇듯 아파트의 가치는 유동적이기 때문에 부동산에 대한 꾸준한 관심과 공부가 필요한 것이다.

## ♀ 자신만의 입지 안목을 기르자

유튜브와 네이버에 단어 '부동산'만 검색해도 수많은 영상이 나오고 셀 수 없는 부동산 글이 나온다. 부동산 책과 신문, 인터넷 등 수많은 부동산 정보의 홍수 속에서 우리는 유영하고 있다. 내 집 마련은 일생일대의 중요한 선택이다. 소음과 알짜 정보를 구별할 수 있어야 인생의 중요한 선택에서 후회하지 않는다. 그리고 수많은 정보를 구별해내는 것보다 더 중요한 건 입지를 정확히 파악하고 수많은 도시를 비교해서 나만의 기준을 세우는 능력이다.

나만의 기준이 있다는 것은 'A아파트 가격 〉 B아파트 가격 〉 C 아파트 가격'처럼 현재 가격의 차이를 입지와 연관지어 이해하면서 도, 어느 순간 'A아파트 가격 = B아파트 가격 〉 C아파트 가격'의 순간이 오면 저평가된 A아파트를 구매하는 안목을 기르는 것이다. 또 B아파트에 교통 호재가 있거나 주거환경, 상품성에 변화가 예정 됐다면, 미래에는 B아파트 가격이 A아파트 가격을 따라잡을 수 있 다는 판단능력을 가지는 것이다.

전국에 있는 모든 지역과 아파트를 둘러보며 부동산 투자를 했 고 근로소득으로 벌기 힘든 자산을 쌓았다. 그리고 수익형 투자로 한 달에 1,000만 원의 월세를 받고 있다. 나 역시 성공한 투자가 있 고, 실패한 투자가 있다. 돌이켜보면 아파트의 입지 가치를 이해하 고 나만의 기준을 세우는 것이 가장 중요했었다.

이 책은 사람들이 가장 관심을 가지는 수도권 16개 도시의 입지 를 다뤘다. 경기도 모든 지역을 하나하나 걸어보고 비교하고 부동 산 중개소를 방문해 현장의 살아 있는 이야기를 들었다. 경기도 전 역을 비교하면서 각 도시의 입지의 장점과 단점을 균형 있게 쓰려 고 노력했다. 지역을 이해하는 입지 관점을 일자리, 교통, 학군, 상 권, 환경 5가지 요소로 나눠 설명하고 입지의 과거, 현재, 미래를 보는 기준을 제시했다. 이 책을 읽는 독자가 책장의 마지막을 덮을 때쯤 경기도 지역의 입지를 정확히 이해하고, 기준을 세울 수 있을 것이다.

이 책을 빌려 많은 분들에게 감사하다고 전하고 싶다. 가장 먼 저 부모님에게 감사하다. 내 실행력의 원동력은 팔 할이 부모님의 바다보다 깊은 사랑이었다. 한결같은 사랑으로 내 생의 모든 걸 품어준 부모님 덕분에 실패하는 것을 겁내지 않고, 끊임없이 도전할 수 있었다. 또 부동산 임장을 다니며 집을 자주 비웠는데 많은 희생을 묵묵히 견뎌주고 믿어준 아내에게 감사하다. 부동산 입지 여행은 때로 고되어 하루 10시간 걷는 날이 수없이 많았다. 존재만으로 이 모든 걸 뛰어넘을 수 있게 무한한 위로와 기쁨을 주는 첫째 서연이, 둘째 도겸이에게도 고맙다. 그리고 부동산 여행을 할 때 많은 가르침을 주고, 기회를 주신 저의 멘토 푸릉의 렘군님, 많은 영감을 주신 청울림님께 감사하다.

전 재산일지도 모르는 돈으로 실거주 구매나 투자를 하는 분들에게 이 책이 어두운 터널 속 한 줄기 빛이 되었으면 좋겠다. 적어도 잘못된 선택으로, 혹은 더 좋은 선택을 하지 못했다는 후회로 가슴을 쥐어뜯으며 자책하는 일이 없었으면 좋겠다. 이 책을 통해 좀 더 현명한 선택을 하는 독자들이 많아지길 기원한다.

갓서블

# 1

# 자산을 늘리는 부동산, '입지'가 답이다

아파트의 입지를 구성하는 요소는 크게 일자리, 교통, 학군, 상권, 환경(주거환경, 자연환경) 다섯 가지로 나눌 수 있다. 수도권이냐 지방이냐에 따라 우선순위가 달라진다. 수도권은 워낙 면적이 커 일자리와 주거지가 멀면 왕복 다섯 시간 넘게도 걸린다. 수도권은 직주근접, 즉 일자리와 주거지 접근성이 중요하다. 일자리와 주거지의 물리적인 거리가 멀어도 지하철로 빠르게 갈 수 있는 교통망이 생긴다면 입지 가치가 높아진다. 지하철 노선 연장 등 교통 호재에 관심을 가져야 하는 이유다.

반면 지방에서는 학군이 중요하다. 지방 중소도시 같은 경우는 자가용 차량으로 30분 내외의 시간에 이동할 수 있고, 끝에서 끝으로 가지 않는 이상 광역시도 대부분 1시간 이내로 이동할 수 있기 때문이다. 예를 들어 광주광역시 봉선동을 보면 지하철역과 거리가 멀지만, 명품 학군으로 광주의 시세를 견인하고 있다. 대구 수성구 범어동은 지방에서 학군이 가장 좋고, 서울 학군지와 비교할 때 대학 입학 실적이 뒤지지 않아 서울 아파트와 비견된다.

변화하는 것을 잘 포착해야 미래 가치보다 저평가된 현재 가치의 입지를 매수할 수 있다. 일단 일자리와 학군은 변화하기 힘들다. 큰 대기업과 계열사는 잘 옮기지 않는다. 왜냐하면, 중심지로부터 멀어질수록 고급인력을 확보하기 어렵기 때문이다. 학군도 오랜 시간 동안 노하우가 축적된 명문 학군과 오랜 시간 밀집된 학원가가 바뀌긴 쉽지 않다. 그에 반해 교통, 상권, 환경은 상대적으로 변화 가능성이 있다.

서울에 몰려드는 수요를 경기도 각 지역으로 분산시키고자, 정부와 광역지방자치단체는 교통망 구축에 부단히 노력 중이다. 교통망 신설과 연장은 지속적으로 등장하는 이슈다. 광역고속철도인 GTX를 타면 파주 운정에서 삼성역까지 23분이 걸린다. 신안산선은 안산과 여의도의 거리를 30분으로 단축하며 주요 일자리와의 시간을 획기적으로 줄였다. 이 지역의 입지 가치는 한층 더 올라갈 수밖에 없다.

상권은 새 주거 시설이 들어서며 상업지역이 함께 들어오거나, 기존 주거지에 대형 유통시설과 백화점이 들어서며 기존의 구도심의 상권을 흡수하거나 대체하며 변한다. 환경은 선호하지 않는 시설(노후화된 주택, 빌라, 구치소, 쓰레기 매립장 등)이 재개발되거나 시설이 이전되면서 변화한다.

그러면 포인트가 명확해진다. 실거주와 투자 목적으로 선택해야 할 아파트는 계속 변화가 일어나며, 앞으로 가치가 상승할 곳이다. 변화하기 힘들지만 사람들이 선호하는 일자리와 학군이 있는 지역도 함께 살펴봐야 한다. 1장에서는 우선 교통망·상권·환경이 좋아지면서 앞으로 많이 변화할 곳, 학군이 좋은 곳, 일자리가 많은 곳을 살펴보며 입지 분석의 눈을 키워보자.

# 일자리,
# 의식주의 본질

## 일자리가 입지다

　의식주는 인간 생활의 세 가지 기본요소인 옷, 음식, 집을 통틀어 이르는 말이다. 현대사회에서 사람이 살아가는 데 필요한 의식주를 해결해주는 밑바탕은 '일자리'이다. 일자리를 통한 소득이 없으면 기본적인 생존이 위협을 받기 때문이다. 그래서 부동산 요소에서 가장 중요한 것 중 하나가 일자리 프리미엄이다.

　수도권 직장인들은 하루 평균 출근에 57분, 퇴근에 59분을 쓴다고 한다. 하루 2시간을 길거리에서 보내는 셈이다. 점점 워라밸(work-and-life balance의 앞 자를 딴 신조어로 일과 삶의 균형을 추구하는 라이프스타일을 뜻함)을 추구하는 요즘 직장인들은 직장과 주거가 가까운 '직주근접'을 선호한다. 서울 주요 업무지구 근처에 살거나 30분 이내로 갈 수 있다면 직주근접을 실현한다고 할 수 있고, 많은 사람의 수요가 몰려 시세도 높아진다.

## 2021년 경기도 지역별 인구당 종사자 수

| 행정구역 | 사업체 수(개) | 종사자 수(명) | 종사자 수/인구 수 |
|---|---|---|---|
| 화성 | 46,256 | 470,326 | 0.5 |
| 이천 | 9,348 | 109,754 | 0.49 |
| 성남 | 37,637 | 431,971 | 0.47 |
| 안산 | 27,093 | 255,193 | 0.4 |
| 안양 | 24,748 | 213,455 | 0.39 |
| 평택 | 19,051 | 208,742 | 0.36 |
| 파주 | 20,635 | 174,613 | 0.35 |
| 군포 | 10,183 | 90,797 | 0.34 |
| 시흥 | 25,306 | 176,726 | 0.34 |
| 김포 | 23,992 | 158,438 | 0.33 |
| 여주 | 4,518 | 36,695 | 0.32 |
| 광주 | 16,816 | 117,396 | 0.3 |
| 의왕 | 5,216 | 47,146 | 0.3 |
| 부천 | 29,404 | 230,738 | 0.29 |
| 수원 | 36,525 | 350,711 | 0.29 |
| 과천 | 2,019 | 23,631 | 0.29 |
| 용인 | 34,490 | 312,270 | 0.29 |
| 양주 | 10,736 | 75,116 | 0.29 |
| 광명 | 9,258 | 77,062 | 0.27 |
| 하남 | 12,855 | 83,123 | 0.25 |
| 고양 | 37,111 | 267,359 | 0.25 |
| 구리 | 6,762 | 45,922 | 0.24 |
| 오산 | 6,473 | 54,228 | 0.24 |
| 동두천 | 2,629 | 20,297 | 0.23 |
| 남양주 | 22,728 | 144,502 | 0.2 |
| 의정부 | 11,812 | 86,230 | 0.19 |

출처: 국가통계포털

인구 약 1,000만 도시 서울의 3대 주요 업무지구는 강남권역(서초구, 강남구, 송파구)과 도심권역(종로구, 중구), 여의도·영등포 권역(영등포구)이다. 자연히 이곳에 일자리가 많이 있다. 물론 교통, 학군, 상권, 거주환경에 따라서도 시세가 달라지지만 기본적으로 양질의 일자리가 주변에 많을수록 좀 더 가격이 높아진다. 서울 3대 업무지구를 빠르게 갈 수 있는 강남 3구, 동작구, 광진구, 성동구, 용산구, 마포구가 서울 내에서 상위 입지를 형성하는 건 일자리가 곧 입지라는 전제를 뒷받침한다.

거두절미하고 경기도 도시 내 일자리 수를 살펴보자. 표 '경기도 지역별 인구당 종사자 수'를 보면, 경기도에서 종사자수가 30만 명이 넘는 곳은 화성, 성남, 수원, 용인이다. 20만 명이 넘는 곳은 안산, 평택, 부천, 고양이다. 이런 도시들은 자체 일자리가 많은 '자족도시'다. 일자리가 많이 없는 '베드타운'은 업무지구로 출퇴근하는 환경을 감수하는 세대에 수요를 의존하지만, 일자리가 많은 자족도시는 수요가 견고하다. 내부 인구가 많거나, 서울 3대 업무지구에 접근하기 좋은 교통 여건을 가진 도시는 수요가 자연히 많을 것이다.

예를 들어 성남의 판교는 제2의 강남으로 불리는 곳이다. 판교 1테크노밸리에는 1,300개의 기업을 비롯한 약 7만 명의 IT, BT 중심의 양질의 일자리가 있다. 또 판교2·3테크노밸리에는 향후 1,250개의 기업이 들어서 종사자 수가 약 6만 명에 육박할 것으로 예상된다. 따라서 판교는 내부 수요가 차고 넘친다. 더군다나 판교는 신분당선을 통해 13분 만에 우리나라에서 가장 일자리가 많은 강남역으로 갈 수 있어 서울로 출퇴근 하는 수요도 모인다. 경기도에서 일자리 프리미엄이 가장 우수한 곳은 판교라고 할 수 있다.

또 용인, 수원, 화성은 삼성전자 사업장이 자리 잡고 있어 많은 일자리와 다른 도시 대비 높은 소득 수준을 자랑하고 있다. 이렇게 일자리가 많은 특징을 가진 곳은 외부 투자자들이 유입되지 않아도 실거주 수요만으로 부동산 시장을 끌고 갈 여력이 된다.

그러나 통계를 볼 때 단순 일자리 수만 보지 않도록 주의하자. 일자리의 질, 즉 소득 수준도 함께 봐야 한다. 국가통계포털에 각 도시의 근로자 연봉과 거주자 연봉을 공개하고 있다. 거주자 연봉이 높다는 건 높은 소득 수준의 사람들이 그 지역에 살고 있다는 의미다. 또 근로자 연봉이 높다는 건 해당 지역에 고소득, 즉 양질의 일자리가 많다는 것이다.

다음 장의 표 '근로자 연봉과 거주자 연봉별 경기도 소득 수준'은 높은 연봉 순으로 색깔을 달리해서 지역별로 평균값을 비교한 데이터다. 이 표에서 과천을 보면 근로자 연봉 평균은 4,569만 원이고, 거주자 연봉 평균은 6,495만 원이다. 과천에서 일하는 근로자의 연봉은 정부과천청사 등 공무원 직업군이 많아서 높지 않다. 반면 과천에 사는 거주자 연봉은 성남과 용인보다 높다. 과천이 서울 서초구, 관악구와 접해 있어 양질의 일자리가 많은 강남까지 26분이면 갈 수 있고 주거환경이 쾌적해 강남의 대체재로 선택되기 때문이다.

또 수원은 근로자 연봉 평균 6,380만 원으로 높지만, 거주자 연봉 평균은 4,589만 원으로 상대적으로 낮은 편이다. 수원 삼성전자

## 근로자 연봉과 거주자 연봉별 경기도 소득 수준 (단위: 만 원)

- 거주자 연봉 6,000만 원 이상
- 거주자 연봉 5,000만 원 이상
- 거주자 연봉 4,000만 원 이상
- 거주자 연봉 3,000만 원 이상

**파주**
근로자 연봉 3,226
거주자 연봉 3,663

**동두천**
근로자 연봉 2,932
거주자 연봉 2,916

**남양주**
근로자 연봉 2,990
거주자 연봉 3,592

**김포**
근로자 연봉 3,313
거주자 연봉 3,847

**고양**
근로자 연봉 3,150
거주자 연봉 4,127

**의정부**
근로자 연봉 3,219
거주자 연봉 3,205

**구리**
근로자 연봉 3,208
거주자 연봉 3,788

**광주**
근로자 연봉 3,347
거주자 연봉 3,448

**인천**
근로자 연봉 3,724
거주자 연봉 3,589

**부천**
근로자 연봉 3,258
거주자 연봉 3,490

**과천**
근로자 연봉 4,569
거주자 연봉 6,494

**하남**
근로자 연봉 3,202
거주자 연봉 4,377

**이천**
근로자 연봉 5,853
거주자 연봉 4,239

**시흥**
근로자 연봉 3,586
거주자 연봉 3,446

**광명**
근로자 연봉 4,015
거주자 연봉 4,144

**안양**
근로자 연봉 3,808
거주자 연봉 4,307

**성남**
근로자 연봉 4,867
거주자 연봉 5,427

**안산**
근로자 연봉 3,775
거주자 연봉 3,383

**군포**
근로자 연봉 3,552
거주자 연봉 3,974

**의왕**
근로자 연봉 3,688
거주자 연봉 4,381

**용인**
근로자 연봉 4,439
거주자 연봉 5,049

**평택**
근로자 연봉 3,966
거주자 연봉 3,848

**수원**
근로자 연봉 6,380
거주자 연봉 4,589

**화성**
근로자 연봉 4,231
거주자 연봉 4,902

**오산**
근로자 연봉 3,256
거주자 연봉 3,714

출처: 국가통계포털

본사와 삼성전자 사업장의 고연봉의 소득자가 수원뿐만 아니라 쾌적한 다른 인근 지역에서 살고 있음을 추론할 수 있다.

전반적으로 서울과 가까운 지역 거주자의 연봉이 높다. 하남, 광명, 안양, 의왕, 고양은 서울로 출퇴근이 가능해 근로자 연봉보다 거주자 연봉이 높은 게 특징이다. 경부라인인 용인과 화성은 삼성전자 사업장이 있고, 이천은 SK하이닉스가 있어 거주자의 소득이 높은 편이다. 반면 안산과 시흥은 각각 경기도에서 단위 인구당 종사자 4위와 9위를 할 정도로 일자리는 많지만, 소득이 높지 않은 걸 볼 수 있다. 안산과 시흥에는 반월·시화 국가산업단지가 위치해 제조업 회사들이 많은데, 이 회사들이 IT나 반도체 회사들에 비해서 소득이 높지 않기 때문으로 풀이할 수 있다. 지역별 일자리 특성을 잘 파악하고 입지를 분석하는 것이 필요하다.

## 일자리가 늘어나는 지역은?

이제 부동산 가격을 형성하는 입지 요소 중 일자리가 중요하다는 것을 알았다. 양질의 일자리가 늘어나는 지역은, 향후 수요가 증가해 부동산 가치가 더욱더 높아지리라는 것을 유추할 수 있다. 그렇다면 앞으로 경기도에서 일자리가 늘어날 지역은 어디일까? 그래서 우리가 주목해야 할 지역은 어디일까?

현재 우리나라 산업을 이끌어 가는 건 반도체임을 부인하기 어렵다. 경부고속도로 주변의 삼성전자 사업장에 반도체 공장이 다소 있다. 기흥 공장, 화성 공장, 평택 공장이다. 반도체 관련 일자리는 대규모 고급 인력이 필요하고, 근로자들은 평균 소득이 높다. 이 반도체 사업장이 경기 동남부 지역에 추가로 늘어날 전망이다. 용인 처인구 원삼면 고당리 일대의 448만㎡ 부지에 반도체 특화클러스터 조성이 예정되어 있다. SK하이닉스가 120조 원을 투자해 약 1만 7,000개의 일자리가 늘어날 전망이다. 또 삼성전자는 향후 300조 원을 투자해 용인 남사읍에 710만㎡ 규모의 첨단 시스템반도체 클러스터를 세우고 3만 명을 직접 고용할 계획을 가지고 있다. 이렇게 일자리가 늘어나는 지역과 일자리에 50분 이내로 접근할 수 있는 지역의 수요는 자연히 증가할 것이다.

또 삼성전자 평택 캠퍼스는 1·2·3라인 가동을 시작했다. 평택 캠퍼스가 착공된 2015년에 46만 명이었던 평택 인구는 라인이 가동된 2022년에 57만여 명으로 증가했다. 또한 평택 캠퍼스는 앞으로 3개 생산라인을 추가로 갖출 예정이며, 이 라인을 기반으로 브레인시티 일반산업단지 33만㎡(11만 평)에 반도체 공정에 필요한 소부장(소재·부품·장비) 산업을 육성할 방침이다. 용인, 화성, 평택으로 이어지는 '반도체 메가클러스터'가 형성되면 경기 남부권은 앞으로 꾸준히 일자리가 늘어날 것이다.

그렇다면 경기도 서쪽은 어디서 일자리가 늘어날까? 2025년에 광명시흥테크노밸리가 준공된다. 광명역에 3㎞ 떨어진 곳에 244만㎡ 규모로 조성될 광명시흥테크노밸리는 첨단산업단지, 일반산업단지, 유통지구, 주거지구 4개로 구역이 나뉜다. 주거지구를 뺀 첨단산업단지, 일반산업단지, 유통지구를 합친 176만㎡ 면적에 약

2,200여 개의 회사와 9만 9,000여 명의 일자리가 들어올 전망이다. 이 규모는 판교1·2테크노밸리와 비슷하다.

그리고 광명시흥테크노밸리에는 신안산선인 학온역이 들어올 예정이다. 서부권의 교통의 요충지인 광명역과 한 정류장 거리여서 광명역의 상업, 생활 인프라를 동시에 누릴 수 있는 일자리가 될 것이다. 광명시흥테크노밸리에서 일하는 근로자 9만 9,000여 명 가량의 배후 수요가 어디를 주거지로 선택할까? 광명뿐만 아니라 인근 지역인 부천, 시흥도 호재라 할 수 있다.

이번에는 좀 더 북쪽으로 가서 경기 서북부 지역을 살펴보자. 경기 서북에는 산업단지가 많지 않아 일자리 기반이 취약했다. 경기도청이 경기도 균형 발전, 일자리 창출, 자족도시 강화 등을 위해 고양시 킨텍스 주변에 일산테크노밸리를 조성 중이다. 87만㎡ 규모의 부지에 미디어, 콘텐츠, 바이오, 메디컬, 첨단제조 분야 혁신기업을 유치해 약 2,700여 명의 일자리가 생길 전망이다. 또한 주변에 CJ라이브시티, 방송영상밸리, 장항공공주택지구가 있다. GTX-A노선인 킨텍스역이 신설되는 교통 호재와 겹치면서 상승효과가 일어날 전망이다.

일자리가 늘어나면 필연적으로 인접한 지역의 주거 수요가 증가한다. 직주근접 지역의 가격이 부담스러운 수요층은 지하철 노선을 따라 흩어질 것이다. 양질의 일자리가 늘어나는 지역과 주변 지역을 잘 살펴야하는 이유다.

# 교통,
# 일자리와의 연결고리

## 수도권 입지 포인트는 교통망이다

일자리가 많은 곳은 직장 가까이 거주하는 것, 즉 직주근접에 대한 수요가 꾸준하다. 결혼해서 아이를 낳고 학교 보내고, 생활을 해야 하는 생애주기 단계에서는 직주근접에 대한 수요에 더해 다양한 입지 요건에 대한 고려가 필요하다. 누구나 차도를 건널 필요가 없는 학교에 아이를 보내길 바란다. 맞벌이로 바쁜 부모 대신 아이들 스스로 하교 후 안전하게 주변 학원을 가까이 갈 수 있거나, 가족과 함께 공원을 산책하며 상업 인프라를 누릴 수 있다면 모두가 살고 싶은 주거지가 된다. 그래서 직장과의 물리적 거리가 멀더라도 빠르고 편하게 연결되는 교통망이 있으면 수요가 자연스럽게 이동한다.

수도권에서는 도로망보다 철도망이 더 중요하다. 지방은 도시 규모가 수도권에 비해 작고, 자가용 차량으로 금방 이동할 수 있다. 반면 수도권은 교통이 혼잡해 차를 두고 대부분 지하철로 출퇴근한다. 수도권에서는 직장 위치와 출퇴근에 걸리는 시간을 고려해 지하철 노선을 따라 주거지를 결정하는 경우가 많다.

서울에서는 강남 3구에 압도적으로 일자리가 많다. 강남구 종사자는 71만 명, 서초구 종사자는 42만 명, 송파구 종사자는 33만 명이다. 강남 3구를 합치면 약 143만 명의 종사자가 일하고 있다. 강남 3구와 연결된 지하철 노선은 2·3·5·7·8·9호선, 신분당선, 수인분당선이며 이들 노선을 지나는 경기도 지역의 일자리 접근성이 좋다.

특히 강남 3구를 모두 지나는 2·3·7·9호선은 인기 노선이다. 3호선은 강남 남쪽에 치우쳐서 2·7·9호선을 더 선호한다. 9호선은 강남·서초·송파구를 횡으로 가로지르고, 순환노선인 2호선과 다르게 연장할 수 있어 특히 인기가 많다. 이 지하철 노선들이 지나면서, 강남을 빠르게 갈 수 있는 곳은 수요가 안정적이다. 성남의 판교·용인 수지구·광교가 신분당선으로, 광명은 7호선으로, 과천·안양은 4호선으로 강남을 빠르게 갈 수 있어 시세가 높다.

이어서 인기가 많은 곳은 광명, 과천, 안양, 수원, 부천이다. 영등포·여의도 업무지구와 연결된 1·2·5·7·9호선 권역이기 때문이다. 광명, 과천, 안양, 수원, 부천은 두 번째로 일자리가 많은 여의도·영등포 업무지구로 빠르게 출퇴근할 수 있어 인기가 많다. 마찬가지로 세 번째 업무지구인 중구·종로구 도심 중심권역으로는 1·2·3·4·5호선이 지난다. 이 노선을 이용해 빠르게 출퇴근할 수 있는 곳은 의정부, 일산, 광명, 구리다.

강남이 직장인 사람의 머릿속에 들어가보자. 일자리, 학군, 교통, 환경, 상권 모든 것을 갖춘 강남이 1순위이겠지만 그만큼 가격이 비싸다. 현실적으로 강남 소재 아파트를 선택할 수 있는 사람은 많지 않다. 일단 강남구 주변인 강동구, 광진구, 동작구 등을 알아보다가 자금 사정에 맞으면서도 원하는 조건의 주거지가 없으면 경기도로 눈을 돌릴 것이다.

경기도에서는 강남과 접근성이 좋은 판교, 과천을 고려할 수 있다. 접근성은 조금 떨어지지만 자녀 교육을 고려한다면 성남시 분당구, 광명시, 안양시 평촌동, 군포시 산본동의 산본신도시, 용인시 수지구를 후보에 넣을 수 있다. 신도시의 쾌적한 거주환경과 상품성이 우선순위인 직장인은 위례신도시·광교신도시·미사강변신도시를 고려할 수 있다. 자금 사정이 여의치 않으면, 지하철과 광역버스를 출퇴근에 이용할 수 있고 자가용 이동까지는 고려 가능한 거리의 수원, 동탄, 의정부, 부천을 염두에 둘 것이다.

주요 업무지구 주변은 출퇴근 시간과 거주환경에 따라 수요자들의 선택지가 어느 정도 겹치게 된다. 겹치는 지역들이 많을수록 수요가 곱해져 가격이 올라간다. 가격이 너무 비싸지면 개인마다 주어진 자금이 한정되어 있기 때문에, 수요가 교통망을 따라 흩어진다. 교통 인프라에 시세가 연동될 수밖에 없는 이유다.

앞으로 신규 교통망이 확충되어 서울 주요 일자리까지 가는 시간을 단축하는 변화가 생긴다면 수요는 커질 것이고 이런 곳이 미래 가치가 높은 곳이다. 기존 철도망 노선을 연장하는 경우나, 새로운 노선을 신설하는 경우가 해당한다. 노선을 연장하는 경우는 연장되는 쪽도 호재지만, 기존 노선 지역도 호재라 할 수 있다. 종착지가 경유지로 바뀌기 때문이다. 연장 전에는 전철의 끝이었는데, 양쪽을 잇는 중심지가 되기도 한다. 앞으로 교통망 확충에 따라 입지가 변화되는 곳들을 함께 살펴보면 남들보다 빠르게 좋은 입지를 선점할 수 있을 것이다.

## 교통 호재를 부동산 매수에 활용하는 방법

8·9호선 연장, GTX 신설 같은 호재는 부동산 가격이 상승하는 바탕이 된다. 그러니 호재가 있는 지역을 단기적으로 보면 안 되고 장기적인 관점에서 투자 계획을 세워야 한다. 하락기에는 호재 여부와 상관없이 모든 부동산 가격이 하락하고, 상승기에는 모든 부동산 가격이 상승한다. 하지만 호재가 있는 부동산은 좀 더 가격이 상승하고 때론 과열되기도 한다. 교통 호재가 있는 지역의 부동산 투자는 장기적으로 접근해야 실패할 확률이 낮다. 단기간에 승부를 보겠다는 조급함이 투자자의 가장 무서운 적이다. 수도권에 대규모 일자리가 조성되기는 쉽지 않다. 그러니 일자리 수요를 연결하는 신규 교통망 확충과 지하철 노선 연장 소식에 주목해보자.

### ♥ 뉴스를 믿지 마라

호재 여부는 뉴스와 떠도는 소문으로 확인하면 안 된다. 가장 상위 자료인 국토교통부의 '국가철도망 구축계획'을 살펴보자. 이

자료에는 국가 차원에서 계획하고 있는 신규 노선 사업과 추가 노선 검토 사업 등의 정보가 나와 있다. 지자체 보도자료와 뉴스보다 국가철도망 구축계획에 해당 정보가 있는지 확인해야 한다.

그리고 국토교통부의 '대도시권 광역교통 기본계획'도 중요한 검토 자료 중 하나다. 대도시권의 교통 정책 방향과 광역 교통의 미래 모습을 그려볼 수 있다. 다음은 각 지자체의 도시기본계획, 도시철도망 구축계획을 확인해봐야 한다. 그래야 국회의원들과 지역주민들의 희망 사항인지 실제로 추진되고 있는 계획인지 구별할 수 있다.

### ♀ 진행단계를 확인하자

확정된 교통 호재는 국가철도망 구축계획 중에서도 중장기계획에서 확인할 수 있다. 그러나 철도망 계획을 볼 때 아직 예비타당성 조사 결과가 나오지 않은 곳은 조심히 살펴야 한다. 국가철도망 구축계획에 포함된 노선들조차도 예비타당성 조사에서 탈락해 진행이 안 되는 곳들이 많다.

예를 들어 2021년에 발표된 제4차 국가철가철도망 구축계획에 포함된 신분당선 서북부 연장(용산~삼송) 사업은 제3차 구축계획에 이어 또 한 번 포함되어 관심이 많았던 곳이다. 하지만 2023년 8월 예비타당성의 벽을 넘지 못했다. 예비타당성 조사를 통과하려면 경제성은 1이상, 종합평가는 0.5를 넘겨야 하지만 신분당선 서북부 연장 사업은 각각 0.36과 0.325를 받았다. 대안 노선을 제안해 다시 추진한다는 입장이지만 GTX-A, 3호선과 노선이 겹쳐 사업성 확보가 쉽지 않아 보인다. 이렇게 국가철도망 구축계획에 포함이 된다고 해도 좌초될 가능성이 있다. 국가철도망 구축계획을 완전히 믿어서는 안 된다.

설령 착공이 되어도 공사 중에 유물이나 법정보호종 서식지 등이 나오면 미뤄질 수 있다. 준공 예정 기간에 맞춰서 개설되는 경우보다 미뤄지는 경우가 훨씬 많다는 걸 감안해서 살펴보길 바란다. 선진입을 생각한다면 최소한 예비타당성 조사를 통과하고 기본계획 수립이 진행 중인 노선을 검토하는 것을 추천한다. 개인적으로는 착공을 한 노선 위주로 교통망을 검토한다. 다음 이어질 파트에서는 현재 착공이나 준공 단계의 지역만을 엄선해서 소개해보고자 한다.

## 앞으로 입지 지각변동을 일으킬 교통망은?

### ♀ 수도권 광역급행철도 GTX

입지 지각변동을 일으킬 첫 번째 교통망으로는 GTX를 뽑을 수 있다. 수도권 광역급행철도 GTX가 서울 주요 일자리로 가는 가장 빠른 교통수단이 될 예정이기 때문이다. GTX의 최대 운행속도는 지하철의 최대 3배인 시속 180㎞이다.

GTX-A는 삼성·서울역을, GTX-B는 여의도·용산·서울역을, GTX-C는 삼성·양재역 등의 주요 업무지구를 지난다. 셋 중 가장 빨리 건설 되는 노선은 GTX-A다. A노선은 일산 킨텍스에서 화성

## 수도권 광역급행철도 GTX 노선도

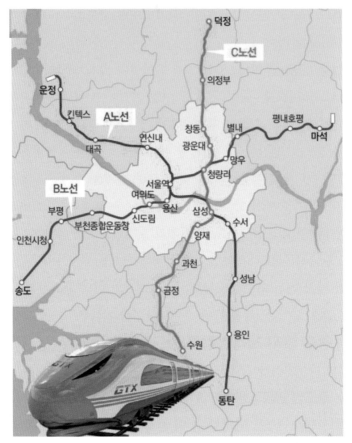

출처: 국토교통부

동탄까지의 거리를 불과 40분 만에 돌파한다. GTX-B는 일자리가
가장 많은 강남권을 통과하지 않기 때문에 사업성이 떨어지고 철
도 건설 속도가 가장 느리다는 단점이 있다. GTX-C는 삼성과 양
재 같은 강남권을 지나기에 B노선보다는 사업성이 높다. 또 2028

년 개통 예정으로 A노선 다음으로 진행 속도가 빠르다.

강남권에 출퇴근하는 사람이라면 경기도에서는 성남, 용인 등을 고려했을 것이다. 하지만 GTX-A의 신설로 일산·파주, GTX-C로 수원·안산·의정부·양주까지 검토해 볼 수 있게 되었다. 또한 여의도로 출퇴근하는 사람은 GTX-B가 생기면서 인천 송도·남양주의 평내와 호평을 고려할 수 있게 되었다.

이처럼 GTX 신설은 물리적인 거리를 극복해 빠른 출퇴근이 가능하게 함으로써 수요를 더 멀리 퍼트릴 수 있게 되었다. 교통 호재는 진행 속도가 중요하다. GTX-A가 2024년으로 가장 빨리 개통될 예정이기 때문에, 세 노선 중 가장 눈여겨봐야 한다. 앞으로 생길 GTX 신설역을 주목하고 진행 과정에 관심을 가져보자.

한 가지 팁을 더하면, 신설될 GTX 역뿐만 아니라 근처 역을 살펴볼 필요가 있다. 예를 들어 수인분당선이 지나는 구성역 왼쪽으로 GTX-A 용인역이 생긴다. GTX 용인역을 도보로 이용하려면 주변 아파트에서 10분 정도는 걸어서 가야 한다. 또 GTX는 지하 40~50m 깊이에 정거장을 건설해서, 탑승하러 내려가는 데 시간이 꽤 걸린다. 용인역의 전후 역인 신갈역과 보정역의 초역세권 아파트에서 출퇴근하는 것이 단순 이동 시간으로 따지면 더 빠를 수도 있다. 이처럼 GTX 환승이 용이한 연계역도 고려 대상이 된다.

## 📍 신안산선

또 주목해야 할 교통망은 2019년 착공해 2025년 개통을 목표로 하는 신안산선이다. 신안산선은 서쪽의 신분당선이라고 불릴 정도

## 신안산선 복선전철 노선도

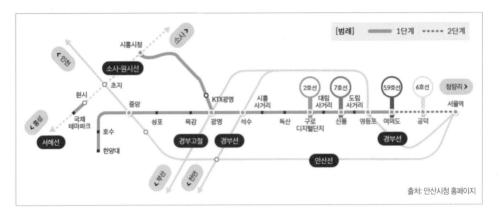

출처: 안산시청 홈페이지

로 받는 기대가 크다. 신분당선은 2016년 1월 정자역에서 광교역까지 연장되며 용인과 광교신도시의 위상을 높이는 데 혁혁한 공을 세웠다. 신분당선으로 광교중앙역에서 강남까지 34분 만에 갈 수 있게 되었기 때문이다. 신안산선 또한 최대시속 110㎞의 빠른 속도로 수도권 서부지역을 종으로 가로지르고 주요 업무지구인 여의도역까지 교통을 연결한다. 신분당선처럼 신안산선을 지나는 광명, 시흥, 안산의 위상을 한 단계 올릴 것이다.

신안산선은 한양대역(안산)에서 시작해, 광명역에서 Y자형으로 분기한다. 여의도 방향(2단계는 서울역까지)은 위로 쭉 뻗어나가 서울의 주요 역과 연결된다. 원시~시흥시청 구간은 서해선과 공용으로 사용될 예정이다. 기존에 서울까지 1시간 넘게 걸리던 거리가 한양대역(안산)~여의도 구간을 통해 25분이면 갈 수 있게 된다. 또 원시역에서 여의도까지 1시간 15분 걸리던 것이 40분으로 단축된다.

신안산선을 통해 환승할 수 있는 노선도 굵직하다. 중앙역에서 4호선, 광명역에서 KTX·1호선·월곶판교선, 석수역에서 1호선, 구로디지털단지에서 2호선, 신풍역에서 7호선, 여의도에서 5호선으로 환승할 수 있다. 경기 서부권 지역은 신안산선 개통으로 여의도뿐만 아니라 서울 전역의 일자리 접근성이 넓어진다.

무엇보다 신안산선 개통의 호재를 직접 받는 곳은 안산과 시흥이다. 안산과 시흥은 동남권에 비해 제조업 일자리가 많고, 서울로의 교통이 불편했다. 기존의 안산 주요 주거지는 중앙역(4호선·수인분당선)~초지역 구간이다. 그러나 2026년 고잔동에 호수역, 성포동에 성포역이 개통 예정되며 상대적으로 인기가 없었던 주변의 베드타운 아파트들이 새로이 각광받고 있다.

시흥의 목감동과 장안동 일대에 1만 3,000세대로 조성된 목감택지지구는 시흥 동쪽에 외따로 떨어져 있고, 교통수단이 부족해서 자가용 차량과 버스로만 일자리에 가야 하는 곳이었다. 이곳에 신안산선이 들어오면서 광명은 한 정거장, 여의도를 환승 없이 22분, 강남도 40분 이내로 갈 수 있게 된다. 교통망 시간으로 따지면 여의도, 강남의 소요시간은 안양·군포와 비슷하다.

또한 시흥 능곡동, 장현동 일대에 1만 9,000세대로 조성된 장현지구도 신안산선인 시흥시청역 왼쪽에 위치해 있고 월곶판교선과 어우러져 시너지가 배가 된다. 무려 판교, 여의도로의 일자리 접근성을 획기적으로 증가시키기 때문이다.

## 📍 서해선

신안산선과 함께 주목해야 할 서부의 철도망이 있다. 안산 원시역에서 시흥, 부천, 서울 강서구, 고양을 종으로 가로지르는 서해선이다. 2018년 개통한 소사-원시선과 2023년 7월 개통한 소사-대곡선이 연결됐다. 그리고 2023년 8월 일산역까지 연장됐다. 교통망이 촘촘히 통합된 만큼 주변 지역의 수요가 급상승할 것으로 예상된다.

지하철 호재는 지나는 경로도 중요하지만 환승이 가능해지는 노선도 눈여겨봐야 한다. 서해선

**추후 충남 홍성까지 이어질 서해선**

출처: 한국철도공사

을 타면 소사역에서 1호선, 부천종합운동장역에서 7호선, 김포공항역에서 공항철도·5호선·9호선, 대곡역에서 GTX-A·3호선·경의중앙선으로 환승할 수 있다. 일자리가 밀집한 마곡, 영등포, 구로, 가산디지털단지로의 이동이 용이해진다는 것과 같은 의미다.

서해선의 수혜를 크게 받는 곳은 고양과 부천이다. 고양시 일산은 백마와 후곡의 학원가, 일산호수공원, 라페스타문화의 거리 상권과 인접해있어 정주 여건이 좋은 곳으로 손꼽힌다. 이런 일산의 치명적인 단점은 서울이 너무 멀다는 것이었다. 이제 서해선으로

출처: 한국철도공사

한강을 건널 수 있게 되면서 김포공항역을 통해 마곡, 여의도, 강남으로 통근하는 수요층의 선택을 받을 수 있게 됐다.

예를 들어 일산신도시 마두역에서 마곡역까지 지하철로 1시간 26분 걸리던 거리를 서해선으로는 32분 만에 갈 수 있다. 일산역에서 김포공항까지 이동 시간은 19분으로 단축됐다. 또 부천종합운동장역에서 마곡까지 기존에는 52분이 걸렸지만, 서해선 개통으로 21분 만에 도착할 수 있게 되었다. 서쪽의 신분당선으로 불리는 신안산선과 서해선은 그동안 교통이 열악했던 경기 서부의 안산, 시흥, 부천, 일산의 입지 가치를 한 단계 높여줄 것이다.

### 📍 월곶판교선

서해선이 수도권을 종으로 가른다면 월곶판교선, 일명 '월판선'은 횡으로 가로지른다. 월판선은 판교역부터 시흥시 월곶동까지 약 40㎞를 잇는 노선이다. 월판선은 시흥시청역부터 광명역까지는 신안산선과 공유하고, 월곶역부터 송도역까지는 수인분당선과 공유

한다. 동쪽으로는 판교역에서 환승할 수 있는 경강선, 서쪽으로는 수인분당선과 연결되는 셈이다. 따라서 월판선이 개통되면 서쪽 끝인 인천 송도국제신도시에서 동쪽 끝인 강원도 강릉까지 두 시간 이내로 이동이 가능해진다.

GTX는 최고시속이 180㎞이고, KTX와 SRT는 최고시속이 300㎞인데 월판선은 한국형 준고속열차인 EMU를 도입해 최고시속이 250㎞에 달한다. 월곶~판교 거리를 30분, 월곶~광명 거리를 10분 이내로 끊을 수 있다는 의미다. 월판선은 우리나라 대표하는 IT, BT 기업이 밀집한 판교역(신분당선)을 지나고, 주요 환승지인 인덕원역(4호선·인덕원동탄선)과 광명역(신안산선)을 지난다는 점에서 파급력이 큰 교통망이다. 월판선이 가져올 교통망 지각변동을 살펴보자.

일단 안양에 미칠 수혜를 주목할 필요가 있다. 안양은 경기 중부권에 위치해 1·4호선을 통한 서울로의 접근성은 좋았으나 성남, 용인 등 경기 동남부 지역으로 가는 대중교통 환경은 미흡했었다. 안양을 지나는 인덕원역, 안양운동장역, 안양역, 만안역의 월판선 지역 4곳에서는 판교까지 10분대로 갈 수 있게 됐다. 판교는 제1판교테크노밸리에만 약 7만 명, 제2·3판교테크노밸리 약 6만 명 포함해서 총 13만 명의 일자리가 만들어질 것이다. 10만 명이 넘는 판교 고소득자들이 기존에는 신분당선과 수인분당선 따라서 주거지를 가장 먼저 고려했다면, 선택의 폭이 월곶판교선을 따라 안양까지 넓어질 전망이다.

1기 신도시인 평촌에 비해 인프라가 부족했던 만안구에는 이용

## 월곶판교선 노선도

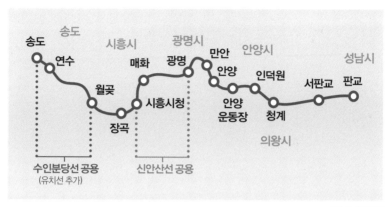

출처: 국가철도공단

할 수 있는 노선이 1호선밖에 없었다. 월판선의 개통으로 더 넓은 지역으로 빠른 접근이 가능하게 됐다. 예를 들어 월판선 인덕원역으로 가서 GTX-C를 타고 강남으로 가거나, 월판선 광명역으로 가서 KTX 또는 신안산선을 활용할 수 있게 됐다. 또 월판선은 안양뿐만 아니라 광명, 시흥, 인천까지 이어져 역 주변에 재개발, 재건축의 변화가 있는 곳들도 주목을 받고 있다.

월판선은 100% 국가 예산으로 진행되어 개발 속도가 안정적인 장점이 있다. 2021년 4월 착공했고 2025년 개통이 목표였지만 사업비가 증액되고 8공구(인덕원역)에서 유물이 나와 개통 시기는 2029년으로 예상하고 있다. 만약 착공 시기 전후로 매도와 갈아타기를 고려하고 있다면 진행 추이를 꾸준히 지켜볼 필요가 있다.

# 학군,
# 부모의 심리를 읽어라

## 명문 학군이란?

아파트의 분양 광고에 강조되는 것 중 하나가 초등학교를 품은 아파트 단지라는 뜻의 '초품아'다. 부모 입장에서는 어린 초등학생 자녀가 차도를 건너 학교를 가야 한다면 혹시 모를 사고가 일어날까 염려가 된다. 특히 저학년일수록 걱정이 커질 수밖에 없다. 부모는 가능하면 차도를 건너지 않고 초등학교에 등교할 수 있는 아파트를 선호한다.

중·고등학교에 비해 초등학교의 학구열은 성적순이 아닌 부모의 교육열에 좌우된다. 그래서 초등학교 학군은 소득수준이 높고 생활이 안정된 지역에 자연스럽게 형성된다. 인근에 빌라가 많이 있거나, 임대아파트가 있는 곳은 학군지로 좀 덜 선호하는 게 현실이다. 또 명문 중학교에 갈 수 있는 학군을 보통 선호한다. 성남, 용인에서 인기 중학교에 입학하려면 근처 초등학교를 3~4학년 전에 입학해야 한다. 보통 중학교 입학기준은 1순위가 근거리 거주, 2순위는 소속 초등학교 재학 기간이다. 현재 거주지와 학교까지의 거리가 같다면 인근에서 초등학교를 얼마나 오래 다녔는가를 기준으로 판가름 나기에 그렇다.

또 요즘 초등학교 중에 혁신학교가 늘어나고 있다. 혁신학교는 공부보다 체험활동이 많아 학부모들에게 호불호가 있다. 혁신학교는 교육청에서 다른 학교에 비해 예산을 더 교부 받아 현장체험, 진로체험 등 더 많은 활동을 한다. 개인적으로 교과 학습의 비중이 중·고등학교에 비해 높지 않은 초등 단계에서는 다양한 경험을 할 수 있기 때문에, 혁신학교 배정을 오히려 선호해야 한다고 생각한다.

중학교는 학군의 꽃이다. 명문 중학교란 학업성취도 평가 성적과 특목고 진학률로 볼 수 있다. 국가수준 학업성취도 평가는 2017년 이후로 중단됐지만, 학군은 변화가 크지 않은 특성을 감안할 때 여전히 학교의 위상을 파악할 수 있는 객관적 지표이다. 특목고 진학률이 높다는 것은 최상위권 학생들이 많다는 것이고, 상위권 학생들이 많을수록 학업 분위기가 좋다는 것을 의미한다.

반면 중·고등학생 자녀를 둔 부모는 대부분 맞벌이로 아이들 혼자 학교와 학원을 가는 경우가 많아 '학학주근접(학교, 학원, 집이 모두 가까운 것)'을 선호한다. 주거지와 학원이 멀면 길거리에서 낭비하는 시간이 많아지기 때문이다. 또 학부모들은 남녀공학 중학교를 선호한다. 남아 학부모들은 중학교 때 여학생의 꼼꼼한 학습 태도를 배우길 원하고, 여아 학부모들은 내신 성적이 여자중학교에 비해 상대적으로 유리하게 나와 남녀공학을 선호한다.

고등학교는 학생 수가 줄어들수록 내신 경쟁에서 불리하기에 학생 수의 증감 추이 또한 살펴봐야 한다. 저출산으로 많은 고등학교에서 학생 수가 줄어들고 있지만, 명문 고등학교는 300명 이상의 학생 수를 유지하는 경우가 많다.

특목고반, 자사고반처럼 최상위권 학생 분반 시스템이 있고 다양한 교육 수요를 채워주는 규모의 학원가가 있어야 명문 학군이라 불린다. 그리고 명문 학군은 학원가 주위의 명문 중·고등학교로 완성된다. 명문 고등학교의 기준 중 하나는 서울대 진학자와 의과대, 치의과대, 한의대 일명 의·치·한 합격자가 많은 것이다. 요새 이과 계열은 서울대보다 의대 진학을 선호하기에 과거에는 서울대 진학자 수로만 고등학교 학군을 평가했다면 요즘은 의·치·한 실적까지 같이 본다. 심정섭의 《대한민국 학군지도》에 따르면 한 해에 서울대 7명, 의대 3~4명을 보내는 고등학교는 전국에서 100위 안에 드는 명문 학교라고 볼 수 있다.

최상위 중학생들은 특목고를 가장 먼저 고려한다. 하지만 목표한 대로 특목고를 못 갈 경우 차선책으로 선택할 수 있는 명문 일반고가 많아야 한다. 심지어 특목고를 가지 않고 전략적으로 명문 일반고를 선택할 수 있는 곳이 많을수록 명문 학군이다. 대표적으로 분당이 그렇다. 분당의 특목고 진학률이 학군의 위상에 비해 높지 않은 건, 특목고를 가지 않아도 선택할 수 있는 명문 학교가 많기 때문이다.

경기권에서는 최대의 단일 학원가와 명문 중학교가 있는 평촌의 아쉬운 점은 명문 고등학교가 없는 것이다. 안양에서는 신성고

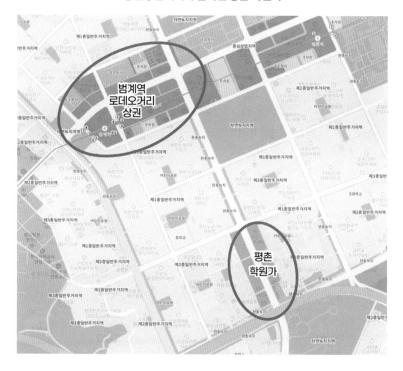

중심상업지역과 떨어진 평촌 학원가

범계역
로데오거리
상권

평촌
학원가

등학교가 가장 좋은 입시 성적을 내고 있는데, 평촌 학원가와 거리
가 있다.

사춘기인 아이들은 주변 환경에 영향을 받는다. 이 조건들을 충
족하면서도 학원가 주변에 유해환경이 없으면 학군으로는 더없이
완벽하다. 보통 역 주변은 상업지역이고 역 주변 학원가는 노래방,
PC방, 술집 등이 혼재해 있는 경우가 많다. 그래서 단일 학원가가
형성이 되려면 역까지 거리가 있는 것이 좋다. 수원 영통은 영일중
학교와 영덕중학교를 위시한 명문 학군과 학원가가 있는데, 영통

역 주변으로 식당과 유흥상권이 섞여 있어 아쉬운 점이 있다.

그러나 평촌과 일산의 학원가는 이와 다르다. 평촌의 학원가는 범계역 로데오거리와 떨어져 있어 상업지역과 분리되어 있고, 평촌대로 길가 양옆에 학원가만 가득 찬 건물들이 있다. 일산의 후곡·백마 학원가도 역과 떨어져 있어 학원들로만 가득하다. 이렇게 유해환경 없이 단일 학원가로 형성된 곳이 좋은 학원가라 할 수 있다.

위에서 소개한 모든 조건들을 만족하는 경기도 제일의 학군은 어디일까? 바로 성남 분당이다. 분당 학원가 주변에는 내정중, 수내중, 서현중 등 명문 중학교가 있고, 분당대진고, 분당중앙고, 서현고, 수내고 등 명문 고등학교도 있다. 분당의 학원가 근처는 유해시설과 떨어져 있어 경기도 1등 학군지로 꼽히고 있다.

## 아파트 동 차이로도 가격이 달라진다

지방에서는 학군이 가장 중요한 입지 요소이지만 수도권에서는 일자리와 일자리를 연결해주는 교통망이 가장 중요하다. 그러나 수도권에서도 학군 지역일 경우엔 교통망에 가까운 것보다 어느 학교에 배정될 수 있는 거주지인지 여부가 가격에 더 큰 영향을 끼친다.

맹모삼천지교라는 말이 있다. 맹자의 어머니가 아들을 가르치려고 세 번이나 이사를 하였음을 이르는 말이다. 우리나라에도 수

많은 맹모와 맹부가 있다. 이들은 아이의 미래를 위해 30년 넘은 노후 아파트의 녹물과 이중·삼중 주차의 불편을 기꺼이 감수한다. 자녀의 학령기에 맞춰 부동산 투자를 고려한다면 대부분 아이들의 학군을 중심으로 아파트를 고를 것이다. 경기도에 명문 학군으로는 1기 신도시인 성남시의 분당구, 용인시의 수지구, 안양시의 평촌동, 고양시의 일산동, 수원시의 영통구가 있다. 학군지를 선택할 때 고려해야 할 점을 살펴보자.

안양시 평촌동을 예로 들어보자. 안양 4호선 범계역에서 내려 로데오거리를 지나 평촌 학원가에 가면 주위에 수많은 아파트가 있다. 1990년대 초반에 지어져 연식이 30년 가까이 됐지만 안양에서 가장 높은 시세를 형성하고 있다. 이곳에서는 역까지의 거리보다 학군이 더 중요하다.

1992년에 지어진 향촌마을 현대4차아파트와, 2002년에 지어진 귀인마을 현대홈타운아파트, 1994년에 지어진 무궁화마을 경남아파트, 1992년에 지어진 목련마을 우성7단지아파트는 평촌 학원가를 사이에 두고 나란히 있다. 이 4곳의 중학교 학군이 다 다르다. 각각 현대4차아파트는 평촌중학교, 현대홈타운은 귀인중학교, 경남아파트는 신기중학교, 우성7단지아파트는 범계중학교 배정이다.

배정받는 중학교에 따라 아파트의 가격이 달라진다. 평형이 조금씩 다르지만, 최고가 기준으로 비교하면 향촌마을 현대4차아파트는 평당가 3,969만 원, 귀인마을 현대홈타운아파트는 평당가 3,894만 원, 목련마을 우성7단지아파트는 평당가 3,473만 원, 무궁화마을 경남아파트는 평당가 3,422만 원이다. 아파트 내부 상태와

## 거리 하나 사이로 중학교 배정이 다른 평촌의 아파트

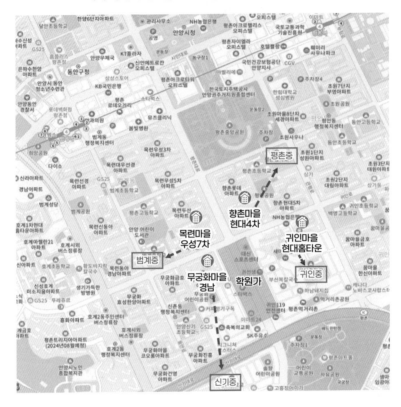

리모델링 이슈, 역까지의 거리, 연식, 아파트 평형 구성 등의 변수를 고려해도 무궁화마을 경남아파트의 시세가 가장 낮다.

평촌에서는 귀인중학교, 평촌중학교, 범계중학교를 선호한다. 신기중학교는 상대적으로 선호도가 낮아 가격에 반영이 된 것이다. 목련마을 우성7단지아파트와 무궁화마을 경남아파트는 길 하나 차이로 평균 약 15%의 시세 차이가 난다. 이렇게 학군 지역에서는 배정 중학교에 따라 길 하나 차이로 가격이 달라진다. 평촌과 먼 지역에서도 '평촌'이라는 표현이 분양 광고 문구에 빠지지 않고 들어가는 이유다.

이번에는 아파트 동별로 시세가 달라지는 경우를 살펴보자. 분당동에 위치한 샛별마을이 이 사례에 해당한다. 분당에서는 서·수·정(서현동, 수내동, 정자동)이 선호하는 학군지다. 분당동은 상대적으로 역과 가장 거리가 멀어 교통이 불편하지만 분당동의 샛별마을은 수내중학교를 갈 수 있어 가성비 학군지로 꼽힌다. 그러나 수내중학교에 배정될 수 있다는 이야기를 듣고 아무 동이나 선택한다면 아이가 중학교 배정받을 때 곤혹을 치를 수 있다. 성남시 분당구의 중학교 배정 기준은 주거지와의 거리다.

삼부아파트를 보면 수내중학교와 샛별중학교 사이에 있는데 일부 동은 수내중학교보다 샛별중학교가 가깝다. 성남교육지원청에서 제공하는 분당중학군 근거리표를 보자. 다른 동들은 수내중학

**분당동 샛별마을 삼부아파트의 동별 중학군 근거리표**

| 동 | 수내중 | 샛별중 |
|---|---|---|
| 403 | 0.3 | 0.3 |
| 404 | 0.3 | 0.3 |
| 405 | 0.2 | 0.2 |
| 406 | 0.3 | 0.1 |
| 407 | 0.3 | 0.1 |
| 408 | 0.3 | 0.3 |

출처: 성남교육지원청

교와 샛별중학교 거리가 같아 둘 중 하나를 선택할 수 있는데 비해, 406동과 407동은 샛별중학교가 근소하게 가까워 샛별중학교에 배정되는 차이가 있다. 명문으로 꼽히는 수내중학교를 보내려는 수요층은 407동을 배제할 것이고 그에 따라 가격이 어느 정도 반영될 수밖에 없다.

학군이 메인 테마인 지역은 인기가 많은 중학교에 배정받기 위해서 초등학교 전입 시기를 알아봐야 하고, 흔하진 않지만 디테일하게 아파트 동별로도 살펴볼 필요가 있다. 학군지는 학군과 학원가를 보고 딱 찍어서 들어온다. 부모 직장과의 거리, 아파트 상품성은 후순위로 밀리는데 이런 학군지의 특성을 이해할 필요가 있다.

# 상권,
# 주거편의성을 높인다

## 입지 가치를 높이는 상권

생활 편의시설은 일상생활에서 중요하다. 점차 맞벌이 가정이 늘어나면서 생활 패턴이 과거와 달라졌다. 상권의 개념도 진화했다. 퇴근 후 반찬가게나 반조리 식품 등을 살 수 있는 상업시설뿐만 아니라 문화생활을 즐길 수 있는 시설로까지 확대되고 있다. 이러한 트렌드는 점점 더 가속화되고 주거지를 선택하는 데 있어 백화점, 대형 유통시설 등의 중요성은 점점 높아지고 있다.

백화점, 스타필드, 롯데몰, 이케아, 코스트코, 마트 등 대형 유통시설이 있으면 비가 오든 눈이 오든 실내 공간에서 쇼핑과 외식을 모두 해결할 수 있다. 삶의 질을 높아지는 일명 '슬리퍼 상권'을 찾아 주거지를 선택하는 사람들이 점차 늘어나고 있다. 슬리퍼 상권은 모자를 눌러 쓰고 편한 복장에 슬리퍼 차림으로 이용할 수 있는 거리의 상권을 말한다.

보통 백화점 상권이 제일 인기가 많고, 그 다음은 복합쇼핑몰 〉대형 유통시설 〉스트리트형 상권 〉근린상권 순으로 인기가 많다. 상권은 주거지의 입지 가치를 높인다. 주거지 주변에 이런 편의시설이 없다면 교통이 아무리 좋아도 수요가 제한적일 수밖에 없다. 그만큼 상권은 주거 편의성을 높이는 생활에 꼭 필요한 입지 요소이다. 상권을 유형별로 정리해보자.

## ♀ 백화점

2022년 경기도 백화점 순위를 보자. 판교 현대백화점, 경기 신세계백화점, 광교 갤러리아백화점, 수원 AK플라자, 중동 현대백화점, 평촌 롯데백화점, 동탄 롯데백화점 순으로 매출이 높다. 백화점 주변을 보면 판교신도시, 용인시 보정동, 수원시 광교신도시, 부천시 중동신도시, 안양시 평촌신도시, 화성시 동탄신도시 등 살기 좋은 곳으로 사람이 몰리는 지역이다. 매출 순위가 높은 지역일수록 여력이 되는 소비층이 모임을 알 수 있다.

판교 현대백화점은 3대 명품이라 불리는 에르메스, 샤넬, 루이비통, 일명 에·루·샤가 다 입점해있다. 그만큼 젊고 돈 많은 고소득자가 몰려있고, 명품을 소비할 수 있는 소비자층이 두터움을 알 수 있다. 이들은 높은 주거비용을 부담할 수 있다.

백화점 순위에 경기도에서 선호도가 높은 1·2기 신도시 지점이 많이 보인다. 이들 도시가 높은 집값을 형성하고 있는 건 우연이 아니다. 소득 수준이 높은 사람들이 거주하는 데 있어 백화점이 많은 역할을 하고 있다. 평일 저녁과 주말에 걸쳐서 백화점에서 방

## 2022년 경기도 소재 백화점 매출 순위

| 순위 | 점포명 | 매출(원) | 신장율(21년 대비) |
|---|---|---|---|
| 1 | 판교 현대백화점 | 14,532억 | 17.80% |
| 2 | 경기 신세계백화점 | 6,442억 | 14.60% |
| 3 | 광교 갤러리아백화점 | 6,191억 | 5.20% |
| 4 | 수원 AK플라자 | 5,033억 | 10.50% |
| 5 | 중동 현대백화점 | 4,942억 | 7.40% |
| 6 | 평촌 롯데백화점 | 4,577억 | 9.0% |
| 7 | 동탄 롯데백화점 | 4,475억 | 14.60% |
| 8 | 수원 롯데백화점 | 4,132억 | 96% |
| 9 | 분당 AK플라자 | 4,072억 | 14.60% |
| 10 | 의정부 신세계백화점 | 4,024억 | 14.20% |

출처: 어패럴뉴스

문해 외식하고 쇼핑하고, 생활용품을 구매할 수 있다. 백화점 내에
는 문화센터까지 있어 즐길 거리가 풍성해진다. 주목할 점은 경기
도에 백화점과 아파트가 연결된 주상복합들이 생기고 있다는 것이
다. 동탄역롯데캐슬과 용인 힐스테이트기흥, 안양 힐스테이트금정
역은 엘리베이터를 타면 바로 백화점을 이용할 수 있는 희소성이
있다.

## 📍 복합쇼핑몰, 대형 유통시설

백화점이 없어도 주거지역에 스타필드, 롯데몰, 이케아, 코스트코 등 대형 마트(이마트, 롯데마트, 홈플러스)가 있다면 입지 가치가 상승한다. 대형 마트를 이용하려면 어차피 짐이 많아져 차로 가야하지 않느냐며 꼭 가까운 게 좋은지 모르겠다는 사람도 있다. 얼마 전 마트를 별로 이용하지 않는다던 한 지인이 이마트 주변으로 이사 갔는데, 생각보다 자주 가게 된다고 이야기한 적이 있다.

특히 아이가 있는 가정은 집에만 있을 수가 없다. 카트에 아이를 태우고 쇼핑하고, 키즈 카페에 가고, 문화센터에서 문화 체험과 식사까지 해결할 수 있는 공간이 집 근처에 있다는 건 큰 장점이다. 스타필드, 롯데몰, 이케아 같은 곳은 혼잡해 주차에도 많은 시간이 걸린다. 이런 곳을 걸어서 갈 수 있는 아파트는 많은 사람의 욕망을 자극할 수밖에 없다. 복합쇼핑몰을 걸어서 갈 수 있다면 입지 가치에 분명히 긍정적인 영향을 준다.

일례로 수원시 화서역에 스타필드가 생긴다고 했을 때 주변 부동산 가격이 1억 원씩 뛰었다. 스타필드에는 물놀이 공간과 사격, 야구 등 스포츠를 겸하는 오락시설이 있다. 점점 쇼핑 공간을 줄이고 노는 공간을 늘리면서 다양한 체험형 콘텐츠를 선보이고 있다. 하지만 대형 쇼핑몰의 단점도 있다. 안에서 다 해결 가능한 원스톱 쇼핑을 추구해 다양한 상업시설이 들어와 있어서 주변 상권을 이용하는 빈도가 줄어 침체될 수 있다.

## ♀ 스트리트 상권

판교와 광교의 아브뉴프랑, 일산의 라페스타·웨스톤돔, 김포의 라베니체, 평촌역의 로데오거리, 인천 송도의 트리플스트리트 등을 스트리트형 상권이라 부를 수 있다. 길 양옆에 식당, 커피숍, 옷집 등 많은 업종이 있어 생활 편의성을 높인다.

카페거리 같은 테마 상권도 문화 콘텐츠가 있어 인기가 많다. 이국적인 느낌이 물씬 나는 용인의 보정동 카페거리가 대표적이다. 죽전로 주변 일반 상권에서 제공할 수 없는 문화 공연 등 양질의 콘텐츠가 가득하다. 보정동 카페거리는 젊은 층을 비롯한 많은 방문객을 끌어 모아 상권 활성화에 기여하고 있다.

## ♀ 근린 상권

신도시의 토지를 계획할 때는 상업용지를 따로 구획한다. 이 상업지역 중 비교적 생활권과 가깝게 위치한 지역, 일명 동네 상권이라 불리는 곳이 근린 상권이다. 주변에 안정적인 배후 수요를 끼고 있어 마트, 학원, 부동산, 미용실, 세탁소, 패스트푸드점, 정육점, 김밥집 등 생활에 필요한 상점이 밀집해 있다. 아파트가 근린 상권을 감싸고 있고, 다양한 업종의 상가가 집중되며 타 상권으로 소비자들이 유출되지 않는 상권을 '항아리 상권'이라고 한다. 항아리 상권은 수요가 꾸준해 공실이 없는 게 특징이다.

# 입지 가치를 낮추는 상권

반대로 주거지의 가치를 낮추는 상권에 대해 알아보자. 상권과 교육환경은 어느 정도 반비례하는 경향이 있다. 예로 부천의 상동역 주변은 상권 규모가 크고, 학원가도 잘 갖춰져 있다. 하지만 학원가 주변에 나이트, 마사지 등 유흥 상권이 함께 있어서 교육환경이 그렇게 쾌적하지 못하다. 상업시설이 적더라도 유해시설이 없는 부천시청역 북쪽을 교육환경으로 선호하는 학부모들도 있다. 유흥 상권이 섞여 있는 상업지역 주변은 가족 단위로 거주하기에 좋은 입지가 아니기 때문이다.

역 주변은 상업지역인 경우가 많다. 상업시설이 들어오며 유흥시설이 함께 섞여 들어올 수 있다. 이런 경우 역과 거리를 둔 조용하고 평화로운 주거지가 더 나을 수 있다. 예를 들어보자. 상권을 바로 끼고 있는 힐스테이트중앙아파트와 안산 센트럴푸르지오아파트는 중앙역 역세권에 위치한다. 하지만 안산 중앙역은 주변이 상업지여서 나이트클럽, 노래방, 모텔 등 유흥시설이 함께 있다.

반면 상권에서 한 블록 벗어나면 안산 중앙주공5단지아파트가 있다. 재건축이 마무리된다면 상품성도 상품성이지만, 상권과 거리를 둔 안정적인 환경으로 더 높은 시세를 유지할 것이다. 이처럼 유흥시설이 바로 접해 있으면 이를 피해 살짝 떨어진 주거지를 고려할 수 있다.

## 2021년 경기도 상권 매출 순위

| 순위 | 상권명 | 월 매출(원) | 일 유동인구(명) |
|:---:|:---:|:---:|:---:|
| 1 | 성남 서현역 | 727억 | 17만 6,240 |
| 2 | 성남 야탑역 | 710억 | 15만 7,426 |
| 3 | 안산 초지동 | 601억 | 5만 1,761 |
| 4 | 인천 부평시장역 인근 | 597억 | 46만 1,941 |
| 5 | 수원시청 주변 | 498억 | 20만 3,951 |
| 6 | 안양 범계역 인근 | 481억 | 20만 1,723 |
| 7 | 이천 창전동 상권 | 425억 | 18만 2,836 |
| 8 | 부천 중동사거리 | 410억 | 25만 6,128 |
| 9 | 부천 중1·2·3동 | 394억 | 17만 7,671 |
| 10 | 안산 호수동 | 391억 | 11만 2,840 |
| 11 | 안산 중앙역 | 385억 | 19만 3,349 |
| 12 | 구리시 구리역 | 376억 | 21만 9,910 |
| 13 | 군포시 산본 상권 | 366억 | 16만 2,190 |
| 14 | 부천 역곡역 주변 | 350억 | 13만 3,332 |
| 15 | 인천 구월로데오거리 | 350억 | 6만 5,620 |

출처: SK텔레콤 지오비전

위 표를 보면 경기도 내 상권 규모와 유동 인구를 확인할 수 있다. 서현역은 경기도에서 월 매출이 가장 큰 상권인데, 상권과 주거지가 역을 사이에 두고 분리되어서 입지 가치가 더욱 더해졌다. 야탑역은 두 번째로 월 매출이 큰 상권이지만 서현역에 비해 유흥시설이 많다. 그래서 이런 주거지에 붙어 있는 상권은 입지 가치를 떨어뜨린다. 오히려 한 블록 떨어져 있는 주거지역이 더 좋다.

그리고 거주하고자 하는 주거지 주변 상권의 확장과 축소도 주목해야 한다. 주변에 대규모 아파트나 전철역이 생기는 변화로 인구가 유입되면 상권은 확장될 수 있다. 항아리 상권을 갖춰 기존 규모를 유지하는 경우도 좋다. 그러나 인구가 정체되고 이용하는 수요가 없어져, 공실이 생기고 몇 년이 지나도 채워지지 않는 경우도 많다. 이런 경우에는 주거지로서의 상권 프리미엄은 적다고 할수 있다.

# 환경,
# 주거환경과 자연환경

## 주거환경, 변화의 크기가 수요의 크기다

환경은 크게 주거환경과 자연환경으로 나눌 수 있다. 주거환경이 좋다는 건 아파트가 구획이 잘 나눠져 도로, 인도가 넓고 오르막이 가파르지 않아 유모차를 끌고 다니기 편한 곳이다. 주변에 송전탑, 군부대, 발전소, 쓰레기 매립장, 지상철도, 공동묘지, 외국인 주거지 등이 없으면 누구나 선호하는 환경이라 할 수 있다. 이미 갖춰진 환경은 부동산 가치도 정적이다. 하지만 주거환경과 자연환경이 좋아지는 변화가 생기는 곳은 부동산에서 동적 가치를 지닌다.

주거환경이 좋아지는 경우는 노후된 곳이 재개발로 새롭게 정비되거나 기존의 혐오시설이 이전하는 것이 대표적이다. 예를 들어 차량기지는 소음을 유발하고 도로를 단절해서, 차량기지 이전 소식은 호재다. 특히 지하철이 연장되는 경우는 기존 종착지에 있던 차량기지를 옮기게 되니 주거환경이 좋아진다. 더불어 그 지역은 종착역에서 경유지로 바뀌어 배후 수요가 더 많아지니 겹경사라고 할 수 있다.

고속도로로 단절된 곳이 지상공원으로 바뀌며 주거환경이 변하는 곳도 있다. 성남시 판교의 백현동과 분당구 이매동 사이에는 분당-수서간 고속화도로가 있어 두 지역이 갈라져 있다. 지척에 있지만 건너려면 멀리 돌아가야 해 생활권이 분절되는 아쉬움이 있었다. 또한 고속화도로여서 창을 열면 소음과 분진이 집으로 들어왔다. 그러나 분당-수서간 고속화도로를 공원 아래 지하화하고 그위에 녹지공간을 조성하면서 이 문제를 해결했다. 이매동 주민들은 지상공원을 통해 좀 더 빠르게 판교 백현동으로 이동할 수 있고, 신분당선과 백현동의 인프라 이용도 편리해졌다.

또 소음과 분진이 없어지고 공원이 생기면서 한층 쾌적해졌고, 창문을 열면 고속도로가 보였었는데 이제는 공원이 보이게 됐다. 이러한 변화는 분당 이매동이 많은 사람들의 관심을 받게 되며 입지 가치가 한층 더 높아지는 계기가 되었다. 비슷한 곳이 화성에도 있다. 동탄역의 경부고속도로 지하화 구간이다. 경부고속도로 때문에 동탄2신도시와 동탄1신도시간의 이동이 불편했는데, 고속도로 위를 지상공원화하며 생활공간이 통합될 예정이다.

기피시설인 철도 차량기지 이전 소식도 주목해야 한다. 먼저 차량기지를 이전하는 곳을 보자. 4호선 창동역과 노원역 사이에 위치한 창동 차량기지는 당시 마들평야로 불리던 허허벌판에 세워졌는데, 4호선과 7호선 환승역인 노원역이 들어서며 노원구의 중심이 됐다. 4호선이 남양주시 진접으로 연장되면서 진전 차량기지를 2027년 6월에 준공할 계획이다. 차량기지가 진접으로 이전되면 기존 창동 차량기지 부지에는 바이오산업단지가 들어선다. 바이오산업단지에 서울대병원을 유치해 바이오메디컬클러스터를 조성할 계획으로, 노원구의 주거환경이 한층 더 좋아질 전망이다.

그러면 소음과 분진은 무조건 안 좋을까? 변화 과정에서 생기는 소음과 분진은 꼭 그렇지 않다. 부동산의 격언 중에 '장화 신고 들어가서 구두 신고 나온다'는 말이 있다. 이는 개발 초반에 분양되는 곳이나, 주변에 노후화된 권역을 정비하면서 천지개벽하는 곳을 공략하라는 뜻이다. 초기에는 공사 소음과 분진으로 불편할 수 있지만, 낡은 빌라가 신축 아파트로 탈바꿈되고 상권이 들어서면 거주환경이 개선되며 입지 가치가 높아진다.

수인분당선 매교역 인근의 인계동, 매교동, 세류동 부근에 약 1만 1,700세대급의 대규모 재개발이 진행됐다. 그런 재개발 호재에 둘러싸인 아파트가 있는데 바로 인계파밀리에아파트다. 2019년 6월에 인계파밀리에아파트는 3억 3,000만 원에 실거래가 됐지만, 2021년 11월에는 6억 9,000만 원에 실거래되어 시세가 두 배 이상 올랐다. 주변 오래된 상가와 주택들이 신축의 고층 아파트로 재개발됐고, 도로도 넓어졌다.

재개발은 재건축과 다르게 도로나 상하수도 등 기반시설을 새로 정비하기에 변화가 뚜렷하다. 정비사업으로 주변 환경이 좋아진다면 당장의 불편함을 감수하고 선택하는 것도 고려할 만하다. 이렇듯 부동산의 가치는 어느 정도 주변의 소음과 분진을 먹고 자

## 재개발로 천지개벽한 인계파밀리에아파트 주변 단지 현황

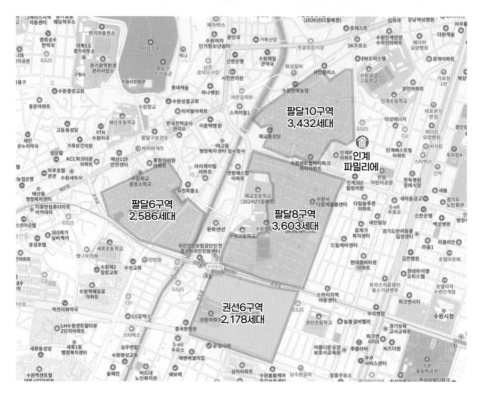

란다. 그렇기에 산 좋고 물 좋은 자연환경만 보고 주거지를 선택하
는 건 자산의 가치 측면에서 좋은 선택이 아니다.

# 자연환경, 입지를 비로소 완성한다

좋은 자연환경을 갖춘 입지는 주변에 녹지공간이 많은 공원, 호수, 수변공원, 숲 등이 있어 쾌적하다. 현재 우리나라에서 가장 시세가 높은 곳은 서초구 반포동이다. 한강과 세빛섬이 있는 반포한강공원이 있어 자연환경적인 면에서 봤을 때도 완벽한 입지라 할 수 있다. 물론 서울지하철에서 가장 인기가 많은 9호선 4개 역이 반포를 지나고 있고 고속버스터미널, 명품 쇼핑을 즐길 수 있는 신세계백화점, 센트럴시티의 대형 상권, 고터몰, 서울 내에서 병상 수 5위에 드는 서울 성모병원 등의 여타 인프라가 훌륭하지만, 반포에 한강의 자연환경이 없었다면 우리나라를 대표하는 좋은 입지가 되지 못했을 것이다. 그만큼 자연환경은 점차 중요해지고 있다.

배산임수는 '산을 등지고 물을 내려본다'는 뜻으로 예로부터 풍수지리상 명당의 기준으로 여겨졌다. 서울에서 한강을 바라보는 아파트의 입지가 희소하듯 근처에 산이 있는 녹지공간과 강과 천이 흐르는 수*공간이 있다면 환경 프리미엄이 붙는다. 집 앞에 호수공원이 있다면 퇴근 후 또는 주말마다 산책과 조깅을 하며 일의 스트레스를 풀 수 있다. 거주자의 삶의 만족도는 당연히 높아질 것이다. 광교 호수공원, 일산 호수공원, 분당 율동공원, 동탄 호수공원 등 공원 주변으로 주말마다 사람들이 몰려든다. 사람들이 몰려들수록 부동산의 가치가 높아지는 것은 당연지사다.

또 집 거실이 호수 뷰라면 그 자체로 억대 가격 상승의 요인이 된다. 아침마다 호수를 보며 따뜻한 커피 한잔을 내리는 모습은 누구나 꿈꾸는 일상이다. 광교중흥S클래스는 수원의 광교호수공원이 베란다로 내려다보인다. 역까지 다소 거리가 있지만 수공간을 품고 있어 신분당선 역 근처만큼 입지 가치가 높다. 호수 주변의 선호도가 점점 높아지면서 주거지뿐만 아니라 상업지역도 형성되어 지역주민의 주말 나들이 장소로도 인기다. 많은 인파가 몰리다보니 호수공원 주변은 주차난이 심각한데, 호수공원을 찾는 시민들이 주위 아파트 주민을 부러워하는 건 자연스러운 일이다.

천이 있는 것도 큰 수혜다. 호수공원만큼은 아니지만 천 주변도 부동산 입지 가치가 올라간다. 천 주변에 조깅·자전거 트랙과 각종 운동기구를 갖춘 수변공원을 조성한 곳도 많다. 오전과 오후에는 동네 어르신들이 주로 이용하고, 저녁에는 퇴근 시간 후 많은 세대가 가족 단위로 아울러 이용한다.

경기도에는 한강의 지류인 안양천과 탄천이 흐른다. 탄천은 용인시에서 발원하여 성남시를 거쳐 한강으로 흘러드는 약 35㎞ 길이의 하천이다. 탄천은 분당을 가로지르고 있다. 분당은 교통, 일자리, 학군 등 다양한 측면에서 탄탄한 주거환경에 탄천의 자연환경까지 더해져서 경기도민들이 꿈꾸는 주거지가 됐다.

우리나라 국토는 70%가 산이어서 평지가 많지 않다. 사람들은 오르막을 좋아하지 않고, 평지에 살며 녹지공간을 누리는 걸 좋아한다. 중심지 주변 숲세권은 한정적이다. 교통, 일자리, 학군도 고려해야 하기에 숲이 아닌 인공적으로 조성된 공원도 충분히 메리트가 있다. 예를 들어 일산 호수공원은 인공적으로 조성됐지만 일산 시민들에게 수공간과 녹지공간을 제공한다. 이 자연공간을 향한 선호는 고스란히 가격에도 반영된다.

좋은 자연환경은 궁극적으로 사람들에게 쾌적함을 준다. 자연 조성인지 인공 조성인지는 중요하지 않다. 요즘 아파트는 주차장을 지하로 옮기고, 그 공간을 조경과 공원으로 꾸민다. 연못, 폭포, 천 같은 수 공간도 만들고, 좋은 수목을 써 녹지공간도 만든다. 대단지일수록 이런 조경이 좋고, 프리미엄 아파트들은 단지 내 공원을 많이 신경 써 정성껏 만든다. 주변의 자연환경만 볼 게 아니라 단지 내 조경이 잘 되었는지 따져보는 것도 아파트 입지 평가에 중요하다.

보통 좋은 자연환경을 가진 입지의 가치는 시간이 지날수록 높아지지만 주의할 점이 있다. 그림 '자연환경은 좋지만 막혀 있는 입지'의 비산한화꿈에그린아파트를 보면 안양천을 따라 수변공원도 있고 뷰도 좋다. 그러나 입지를 자세히 살펴보자. 서쪽에 천이 있지만, 동쪽에는 지하차도와 큰 도로, 북쪽엔 큰 도로로 막혀 있다. 입지를 볼 때 섬처럼 갇혀있는 곳은 좋은 곳이 아니다. 이렇게 큰 도로나 고가도로, 선로, 산 등으로 둘러싸여 폐쇄적인 지형은 개방적인 지형보다 사람이 덜 몰리고, 그에 따라 가격이 올라가는 게 더디다.

그리고 또 경기도 외곽 숲세권의 자연환경을 강조하며 홍보하는 아파트도 주의할 필요가 있다. 가장 우선시할 입지 요소는 일자리, 교통, 학군이며 환경은 상대적으로 가장 덜 중요한 입지 요소이기 때문이다.

반면 외곽에 조성됐지만, 수공간과 녹지공간을 함께 누릴 수 있

## 자연환경은 좋지만 막혀 있는 입지

어 성공적으로 안착한 곳이 있는데 의왕 백운밸리다. 의왕시 학의
동의 백운밸리는 도시개발 사업을 통해 백운호수와 인접한 용지
의 그린벨트를 해제하고 지은 택지지구다. 외곽에, 지하철도 없고
교통이 불편해 분양 당시 좋은 평가가 나왔던 곳은 아니다. 하지만
백운산 아래에 있어 숲세권이면서, 백운호수의 수공간을 누릴 수
있는 전원형 아파트로 자리 잡아 대중교통이 불편한 것을 자연환
경이 어느 정도 커버했다. 롯데몰이 들어오면서 부족한 상업 인프
라도 만회가 됐다. 대중교통은 불편하지만 판교, 강남의 일자리를
자가용 운전 20~40분으로 갈 수 있다. 이렇게 일자리, 도심과 멀
지 않으면서 자연환경이 좋은 택지는 관심을 가지면 좋다.

그러나 다시 한번 강조하지만, 자연환경은 어디까지나 다른 입지 요건의 부족한 부분을 채워주었을 때 의미 있다. 배산임수의 풍수적으로 가장 좋은 곳을 선택하려면 안동 하회마을이나, 경주 양동마을을 선택해야 할 것이다.

# 생애주기별 입지 선택 솔루션

우리는 태어나서 생을 마감할 때까지 주거지를 선택한다. 부동산은 개별성이 강해 개개인에게 좋은 입지가 다르다. 생애주기의 각 단계에 따라 개인이 중점을 두는 입지의 주안점이 다를 수밖에 없다. 모든 요소를 다 갖춘 강남 반포 같은 곳도 있겠지만, 비싸서 처음부터 살기는 어렵다. 따라서 생애주기별로 필요한 입지를 선택하고, 점차 상위 급지로 옮겨타 자산의 가치와 삶의 만족도를 함께 높이는 것이 현명한 방법이다.

## 30대 직장인이 입지를 선택한다면?

### ───────────────────── 일자리와 교통 중심으로

통계청이 2021년에 발표한 '신혼부부 통계'에 따르면 우리나라 평균 결혼연령은 남자 32.7세, 여자 30.4세이다. 신혼 때는 아이가 없기에 직장과의 거리가 가장 중요하다. 또 부부가 함께 즐길 수 있는 카페, 식당, 오락시설 등을 갖춘 상권이 가까이에 있는 것을 선호한다.

자녀계획에 따라 출산하게 되면 필요한 입지 요건이 달라진다. 출퇴근 거리보다 자녀를 돌봐줄 양가 부모님이 가까운 곳이 우선이다. 카페, 식당 등의 상업시설보다 아이들을 맡길 수 있는 영유아를 위한 시설이 가까운 곳이나 소아과 병원, 어린이집, 유치원 등을 갖춘 곳이 좋은 입지가 된다. 나 또한 신혼 때는 엘리베이터가 없는 아파트의 3층에 살았지만, 자녀를 계획하면서는 엘리베이터가 있는 아파트로 전셋집을 옮겼다. 임신주수가 늘어날수록 계단이 부담스럽고, 출산 후 아이가 생기면 더더욱 계단으로 집에 가는 게 힘들기 때문이다.

## 아이를 키우는 40대가 입지를 선택한다면?
### ──────────────── 학군과 상권을 중심으로

아이가 좀 더 커서 초등학교에 입학할 때쯤엔 '초품아'가 제일 좋은 입지 가치를 가진 아파트다. 맞벌이 부부는 등·하교를 매번 챙겨줄 수 없어, 아이가 차도를 건너지 않고 안전하게 통학하기를 바라기 때문이다. 자녀가 중·고등학생이 되면 학교와의 거리보다는 명문 학교(중학교는 특목·자사고등학교, 고등학교는 서울대나 의대를 보낸 실적이 좋은 학교)에 진학이 가능한 입지가 최고 가치를 자랑한다. 해당 학교의 입시 결과가 좋다는 건 곧 면학 분위기가 좋음을 의미하기 때문이다. 또 내 아이가 잘하는 과목과 못하는 과목이 있을 텐데, 내 아이 수준에 맞출 수 있는 특화된 커리큘럼이 있으며 수준별 수업이 가능한 양질의 학원가 유무도 중요하다.

### 노후를 준비하는 50·60대가 입지를 선택한다면?
#### ──────────────────── 환경 중심으로

아이를 독립시키는 50대 이후가 되면 열심히 아이들을 교육하고 취직을 도와 독립시키게 된다. 퇴직한 60대 이후에는 출근을 하지 않으니 역세권보다 산책할 수 있는 공원이나 강가가 있는지 등 숲세권·수세권을 따지게 된다.

또 병원갈 일이 많아지게 되니 병원 근처를 선호하게 된다. 갑자기 응급상황이 생겼을 때 가까이에 큰 병원이 없어 황금 타임을 놓치는 경우가 종종 있다. 그래서 대학병원, 종합병원 같은 3차 의료기관 주변 지역에 대한 수요가 많아지는 시기이기도 하다.

60대 이후는 노후자금을 생각하며 살고 있는 곳의 규모를 줄이기도 한다. 노후에 현금 흐름이 필요하면 세대 분리형 아파트를 고려하는 것도 방법이다. 세대 분리형이란 현관문이 두 개 있어 가벽으로 공간 일부를 분리할 수 있는 구조다. 1주택이면서 일부 공간을 임대줄 수 있는 장점이 있다.

# 2 경기도
# 동부권역
# 입지분석

성남 ---- 하남 ---- 구리 ---- 남양주

남양주

구리

하남

성남

# 성남,
# 모든 걸 갖춘 자족도시

| 총인구 | 총 91만 7,374명(40만 8,000세대) |
|---|---|
| 행정구역별 인구 | 분당구(47만 명), 수정구(23만 명), 중원구(21만 명) |
| 지하철 노선 | 신분당선, 수인분당선, 경강선 |
| 평당가 | 3,555만 원(2024년 1월 기준) |
| 소득 | 5,427만 원 |
| **특징** | **양질의 자체 일자리와 강남 접근성** |
| **대장 아파트** | **판교푸르지오그랑블아파트** |

성남시에는 분당구, 수정구, 중원구가 있는데 이 중 시세가 가장 높은 곳은 분당구다. 분당구 내에서 가장 선호도가 높은 곳은 2기 신도시인 판교다. 판교역 주변에 2009년 전후로 아파트와 현대백화점, 신분당선, 양질의 일자리가 있는 판교테크노밸리가 있기 때문이다. 입지 요소인 일자리, 교통, 상권은 서울 어느 지역에도 뒤지지 않는다. 판교는 경부고속도로 기준으로 오른쪽은 동판교고, 서쪽은 서판교라고 불린다. 서판교는 운중천이 있어 평화로운 분위기를 자아내고, 판교테크노밸리 일자리와 인접해있다.

분당하면 보통 일반적인 의미의 '1기 신도시'를 떠올리는데, 흔

# 성남 한 장 지도

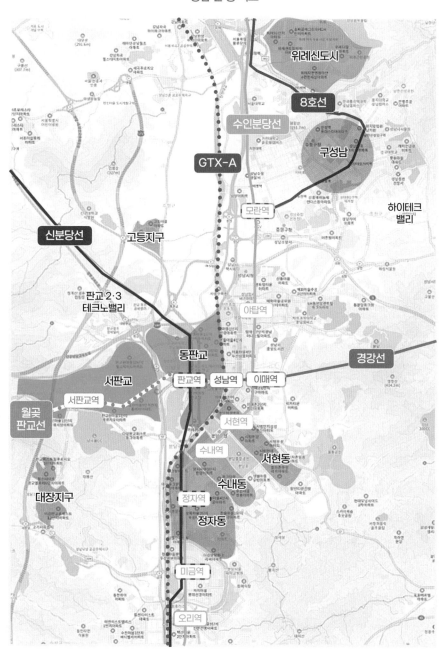

히 서현역의 서현동, 수내역의 수내동, 정자역의 정자동을 묶은 서·수·정을 일컫는다. 수내동은 서현동과 정자동의 가운데에 위치해 양쪽 인프라를 이용할 수 있고, 내정중학교와 수내중학교 등 명문 학교가 있어 학군으로 인기가 많다. 서현동은 서현역 주변에 연식이 가장 오래된 시범단지가 있어 재건축으로 가장 주목받는 곳이다. 정자동은 신분당선과 수인분당선이 지나는 더블 역세권으로 교통이 편리하다. 또 정자동 왼쪽은 상품성 좋은 주상복합들이 밀집되어 있고, 오른쪽은 30년가량 연식이 있어 일부는 리모델링을 진행하는 전형적인 1기 신도시의 모습을 보인다.

분당에서 서·수·정 다음으로 주목할 곳은 이매동이다. 이매역 왼쪽에 GTX-A노선인 성남역이 들어서고, 분당-수서간 고속화도로 위는 굿모닝파크를 조성해 지상공원화하면서 판교역을 도보로 바로 이용할 수 있게 됐다. 성남역과 판교역을 쉽게 갈 수 있게 되어 교통이 크게 개선된다. 또 이매동은 임대아파트가 없고, 명문 이매중이 위치해 쾌적한 교육환경을 자랑한다.

다음으로 신분당선 미금역 주변을 주목하자. 학군은 서·수·정에 비해 약하지만 교통이 중요하다면 선택할 수 있다. 반면 분당구 북쪽의 야탑역 주변과 남쪽의 오리역 주변은 다른 권역에 비해 학군과 교통 등 큰 이점이 없어 분당구에서 선호도가 가장 떨어진다.

분당구에 신규 택지지구가 있는데 많은 언론에서 회자됐던 대장지구다. 지하철 노선은 없지만 분당구에서 찾기 힘든 2021년식 신축으로 희소성이 있어 나름의 수요가 많은 곳이다. 대장지구는 늘 수정구의 고등지구와 비교되곤 한다. 그러나 대장지구가 규모

면에서 좀 더 크고 중학교가 있으며, 분당 학원가와 더 가깝고, 분당구에 속한다는 행정적 이점이 있어 선호도가 높다.

그다음으로 볼 수 있는 수정구에서는 위례신도시가 가장 인기 있다. 서울 송파구, 경기 하남시, 경기 성남시 3곳에 걸친 지역에 신도시가 구성되었고 학교, 스타필드를 비롯한 상권, 자연환경 등 모든 입지 요건을 갖추고 있어 만족도가 높다.

위례신도시와 분당구 사이에는 성남 구도심도 있다. 요사이 성남 구도심의 8호선 주변 역세권에 관심이 높아지고 있다. 8호선이 지나가는 산성대로는 구성남 교통의 척추이고, 주변에 상업지역이 있어 유동 인구가 많다. 하지만 과거에 주거지로 선호되는 곳은 분명 아니었다. 재개발로 대단지 신축이 들어서며 성남 시민들의 시선이 바뀌고 있다. 대규모 재개발로 인한 변화는 앞으로도 계속 진행될 예정이다.


## 천당 위 판교

2기 신도시인 판교가 1기 신도시 분당에 비해 가지는 비교 우위는 크게 3가지다. 첫 번째 교통, 두 번째 일자리, 세 번째는 상품성이다.

첫째로 분당구 내에서 신분당선이 지나가는 역은 3곳인데, 판교역은 가장 북쪽에 있어 강남역까지 13분이면 간다. 웬만한 서울 지역보다 강남으로의 접근성이 좋다. 그리고 월곶판교선이 2026년 개통 예정이다. 월곶판교선은 판교에서 서판교, 인덕원, 광명 등을 거치며 인천 월곶까지 이어져 불편했던 수도권 서부권과의 이동도 수월하게 이어줄 것이다.

둘째로 기존의 제1판교테크노밸리에는 안랩, 엔씨소프트, 다음카카오, 넥센 등 우리나라 대표 IT 기업 약 1,300개가 있다. 제2·3 판교테크노밸리가 개발되면 약 1,200개의 기업이 새롭게 들어설 예정이다. 제1·2판교테크노밸리의 2022년 매출액은 120조 원이 넘는다. 2022년 현대자동차의 매출이 142조 원, 부산의 GRDP(지역내 총생산)이 98조 원인 걸 생각해보면 판교테크노밸리의 부가가치를 짐작해 볼 수 있다.

세 번째는 상품성이다. 분당은 1기 신도시로 1990년대 초반에 입주했는데, 판교신도시는 2009년 이후로 지어져서 더 좋은 상품성을 자랑한다. 2011년 7월 준공되어 948세대가 입주한 판교의 대장, 푸르지오그랑블아파트 37평은 2024년 1월 기준 매매가 23억 5천만 원, 전세가 12억 원에 시세가 형성되고 있다. 푸르지오그랑블아파트는 37평, 44평, 52평 등 중대형 평형 중심으로 이루어져 전형적인 부촌 아파트의 면모를 갖추고 있다. 동쪽에는 보평초·중·고등학교가, 서쪽에는 2022년 국내 백화점 매출 5위·경기도 내 백화점 매출 1위인 판교 현대백화점과 신분당선 판교역이 있다.

판교가 1기 신도시 분당에 비해 아쉬운 점은 학군과 학원가 환경이 상대적으로 미비하다는 점이다. 보평초·중학교는 호불호가 갈리는 혁신학교다. 입시로 승부를 보고 싶은 학부모는 공부보다 다양한 체험활동을 중요시하는 혁신 학군을 그리 좋아하지 않는다.

그러나 보평중학교는 최근 특목고 합격자 수가 성남 10위 안에 들며, 보평초-보평중학교라는 혁신학교 브랜드를 구축하고 있는 분위기임을 알아두자. 또 판교에는 학부모가 만족할 만한 학원가가 없다. 분당에 위치한 학원에 셔틀버스를 타고 등원해야 하기 때문에 일분일초가 아쉬운 수험생 입장에선 아쉬움이 남는다.

서판교는 동판교와 비슷한 시기에 형성이 됐다. 서판교는 운중천과 판교공원이 있어 좀 더 자연환경이 좋다. 판교와 가까운 판교원마을이 산운마을보다 좀 더 선호도가 높았는데, 월곶판교선 서판교역이 신설되며 선호도가 바뀔 것으로 본다. 아직 서판교는 지하철 노선이 없어 광역버스를 타거나 자가용 차량으로 판교테크노밸리, 강남 등에 출퇴근을 해야 한다.

2009년 1월에 준공된 257세대 규모의 서판교 대표 산운마을

경기도에서 최고 입지를 자랑하는 동판교와 서판교

10단지로제비앙아파트 32평은 2024년 1월 기준 매매가 15억 5천만 원, 전세가 7억 원에 시세가 형성되고 있다. 산운마을10단지로제비앙아파트의 바로 앞 중산운사거리에 서판교역이 들어설 예정이다. 서울로 출퇴근한다면 차도를 건너지 않고 광역버스를 탈 수 있고, 상권도 건너편 도로보다 잘 갖춰져 있어 실거주자의 만족도가 높다.

서판교도 동판교와 마찬가지로 학원가가 많지 않다. 초등학생은 서판교 내 학원으로 가지만 중·고등학생은 강남 대치동이나 분당의 학원을 간다. 서판교에는 성남 전체에서 입시실적이 가장 좋은 고등학교가 있다. 바로 낙생고등학교다. 낙생고등학교는 2022년 기준 의대와 서울대 등록자를 가장 많이 배출하며 분당을 대표하는 고등학교로 자리 잡았다.


## 천당 아래 분당, 서·수·정

경기도 전체 통틀어서 학군지로 선호하는 곳이 천당 아래라 불리는 분당이다. 평촌, 일산, 용인 수지구, 수원, 동탄, 부천, 산본 등 다른 경기지역을 모두 통틀어도 분당의 학군은 압도적인 1위다. 학군이 중요하다면 분당의 일명 서·수·정을 먼저 검토해야 한다.

### ♀ 시범단지가 있는 분당 대표, 서현동
서현동에는 시범단지삼성한신아파트, 시범단지한양아파트, 시

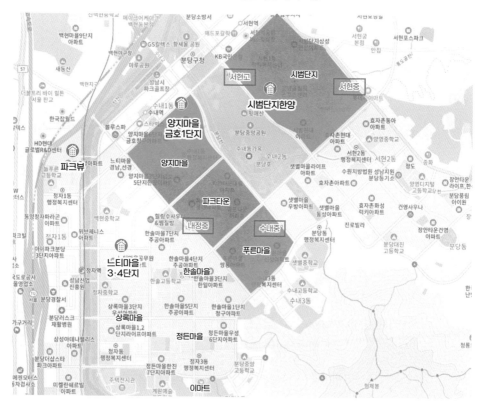

분당의 대표 학군지인 서·수·정

범단지우성아파트, 시범단지현대아파트가 있다. 1기 신도시에서 가장 먼저 입주를 한 시범단지다. 이 중 대표 아파트는 1991년식 시범단지한양아파트(2,419세대)이며 2024년 1월 기준 33평 매매가가 14억 3,000만 원, 전세가는 5억 8,000만 원에 형성되고 있다. 생활 기반시설도 넉넉하다. 수인분당선 서현역이 있고 AK플라자, 서현역 로데오거리, 분당제생병원, 분당세무서, 소방서, 교육지원청 등의 상업·업무시설이 위치해있다. 서현동 중간에는 상업지구가 길게 이어져 있다. 수영, 스케이트, 댄스 등을 배울 수 있는 스포츠센터도 있다.

서현동에는 한때 분당을 대표하는 학교였었던 서현고등학교가 있고, 학업 열기가 매우 뜨거운 곳이다. 서현초-서현중-서현고의 인기 있는 학군 라인이 있다. 서현유치원까지 나오면 서현 토박이로 인증한다고 한다. 우스갯소리지만 그 정도로 한번 들어오면 학군과 생활 편의성이 확보되어 나가지 않고 쭉 거주하는 곳이라는 반증이기도 하다. 소형 학원이 밀집되어 있는 우성프라자의 학원가는 초등학생 자녀가 있는 학부모에게 인기가 많다. 대형 학원은 주로 수내동과 정자동을 이용한다.

## ♀ 역세권보다 학군 보고 오는 수내동

수내동은 수내중학교, 내정중학교를 갈 수 있는 아파트를 찾아오는 곳이다. 수내동은 역까지의 거리가 상대적으로 덜 중요하다. 초등학교 고학년에 전입을 와서는 수내중학교와 내정중학교를 갈 수 없다. 한창 인기일 때는 늦어도 초등학교 2학년 1학기에 전입 와야 수내중학교, 내정중학교를 배정받을 수 있었다. 요즘은 그 정도까지는 아니지만 3~4학년 전후로 들어와야 갈 수 있을 정도로 여전히 교육열이 뜨겁다.

수내동은 양지마을, 파크타운, 푸른마을로 이루어져 있다. 하나씩 살펴보자. 양지마을의 대표 아파트는 1992년식 판교 양지금호1단지아파트(918세대)고, 2024년 1월 기준 31평 매매가는 15억 원, 전세가는 8억 2,000만 원이다. 양지마을은 롯데백화점이 있는 수내역과 가까워 상업 인프라가 잘 갖춰졌고 교통이 편리하다. 파크타운은 내정중학교, 푸른마을은 수내중학교 학군이다. 중학교 학군과 교육환경을 보고 오는 이사 오는 동네다. 이곳을 선택한 부모들은 출퇴근할 때 역이 멀어도 기꺼이 마을버스나 도보를 통해 이동하며 희생을 감수한다.

또 수내동 동쪽으로는 분당중앙공원의 자연환경, 서쪽으로는 정자역의 대형 학원가와 정자동 카페 골목이 있다. 양쪽 인프라를 모두 이용할 수 있는 가운데 위치다. 이렇게 동서남북으로 인프라 접근성이 좋은 곳이 입지 가치가 있다.

### 📍 화려한 주상복합 스카이라인과 신분당선이 있는 정자동

정자동은 서현동, 수내동에 없는 신분당선이 있다. 탄천 왼쪽의 상업지역에 위치한 고급 주상복합아파트도 유명하다. 정자동의 랜드마크로 뽑히는 2004년식 정자동 파크뷰아파트(1,829세대)는 2024년 1월 기준 32평 매매가가 17억 9,000만 원, 전세가는 11억 원이다. 정자역 사업지구에는 정자동 카페거리와 네이버의 초록색 사옥, HD 현대 신사옥 등 화려한 빌딩이 많아 도회적인 분위기가 난다.

탄천을 건너면 전형적인 1기 신도시의 모습이 나온다. 주거지와 상업지가 분리되어 안정적이고 조용한 마을을 느낄 수 있다. 정자동 주거지에서는 느티마을, 상록마을, 한솔마을, 정든마을 순으로 선호도가 높다. 느티마을 3·4단지가 분당에서 가장 빠르게 리모델링이 진행되고 있다. 정자역 더블역세권에 가장 가깝고 초·중학교를 끼고 있어, 공사가 끝나면 분당구 최신축으로 군계일학이 될 곳이다. 입주로부터 30년 세월이 지난 가운데, 분당의 9만 7,000세대 중 독보적인 신축이니 배후 수요가 넘칠 것이다.

상록마을은 역까지 접근성이 좋다. 한솔마을의 일부 단지는 내정중학교와 수내중학교에 배정이 된다. 정든마을은 이마트와 성남시 도서관이 가깝다. 정자동은 서현동과 수내동의 주요 학군지에 비해 선호도는 조금 덜 하다. 하지만 신분당선, 대형 학원가, 영어 유치원 등이 있어 서현동, 수내동만큼 꾸준한 수요가 있다.

## 호재가 많은 이매동

이매동은 탄천을 경계로 오른쪽엔 이매촌마을이, 왼쪽엔 아름마을이 있다. 이매동은 기존의 수인분당선 이매역에 더해 2016년에 개통한 경강선이 지나가는 더블역세권이다. 이매동의 대표 아파트는 GTX 호재가 있는 1994년식 아름마을효성7단지아파트(388세대)고, 2024년 1월 기준 36평 매매가는 18억 원, 전세가는 6억 3,000만 원이다.

이매촌의 남쪽에 있는 이매촌한신2단지아파트는 서현역과 가까워 서현동 상권 인프라를 누릴 수 있다. 단지 바로 앞에 광역버스 정류장을 이용할 수 있어 서울로 출퇴근하는 젊은 부부들이 선호한다. 이매중학교를 품고 있는 이매촌삼성10단지아파트도 1,162세대로 대단지여서 인기가 많다. 이매중학교는 분당의 중학교 중

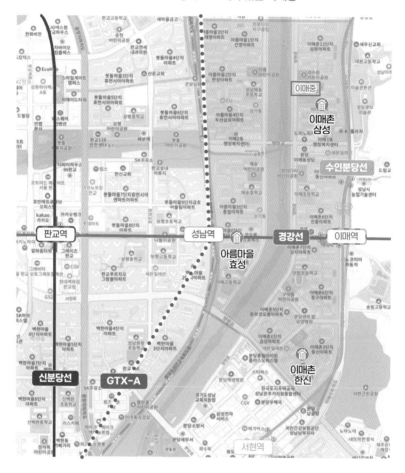

다섯 손가락에 드는 곳이어서 수내동, 서현동 학군으로 다음으로 인기가 많다.

이매동은 이매중의 학군과 임대아파트 없는 교육환경이 장점이지만, 기존 서·수·정에 비해서 관심을 덜 받은 게 사실이다. 그런 이매동에는 2가지 호재가 있는데, 첫째로는 2024년 GTX-A노선 개통이다. GTX가 들어오면 환승 없이 수서역까지 5분, 삼성역까지 8분, 서울역까지 14분이면 갈 수 있다. 둘째로 분당-수서간 고속도로 덮개 공사다. 이매동과 판교의 백현동은 고속도로로 단절되어 둘 사이를 왕래하려면 탄천을 건너는 다리를 이용해 빙 둘러 가야 했다. 그리고 주변 아파트들은 창문을 열면 고속화도로에서 내뿜는 소음과 분진이 들어왔다. 고속화도로 위에 굿모닝파크라는 지상공원을 만들면서 판교 백현동과 생활권이 연결되었고, 공원이 생기며 주거환경이 개선되었다.

## 가성비 학군지 분당동 샛별마을

분당동은 탄천이 가로지르고 왼쪽엔 중앙공원, 오른쪽엔 율동공원이 가까워 자연환경이 좋은 권역이다. 이 지역의 대표 아파트 1994년식 샛별마을우방아파트(811세대) 31평은 2024년 1월 기준 매매가가 12억 원, 전세가는 6억 원대다. 서현동, 수내동 대표 아파트와 비교할 때 1억 8,000만 원 이상 차이가 난다. 역까지 거리가 멀어 인접한 서·수·정에 비해 낮은 가격을 보이고 있다.

샛별마을은 재건축을 기대하는 투자자들의 관심이 모이는 곳이기도 하다. 샛별마을 삼부아파트, 동성아파트는 분당신도시 평균 용적률 184%보다 작은 144%의 용적률이다. 게다가 샛별마을은 수내중학교에 배정될 수 있으면서도, 수내동에 비해 시세가 더 낮아 가성비 학군지로 꼽힌다. 샛별마을엔 우방아파트, 삼부아파트, 라이프아파트, 동성아파트가 있는데, 앞장에서 언급했듯이 대부분은 수내중학교를 가지만 일부 동은 샛별중학교 배정이기에 학군을 고려한다면 잘 살펴봐야 한다.

또 교통이 불편하지만 성남도시철도 2호선, 즉 트램이 계획되어 있다. 트램 203역이 샛별마을 우방아파트 앞에 신설되면, 정자역과 판교역을 통해 신분당선과 수인분당선을 이용할 수 있다. 아직 착공하지 않았지만 경기도 도시철도망 구축계획 우선순위에서 성남도시철도 2호선은 경제성(B÷C)에서 0.718, 종합평가(AHP)에서 0.94를 기록해 1순위로 선정되어 기대가 크다.


## 교통망 확충으로 거듭날 위례신도시

위례신도시는 2013~2017년 서울 송파구 장지동, 거여동, 성남시 수정구 창곡동, 복정동, 하남시 학암동 일대에 조성된 약 4만 2,000세대의 2기 신도시다. 창곡천의 수변 공원과 위례중앙광장의 화려한 상권이 뒷받침되어 쾌적한 대규모 신도시로 우뚝 솟았다.

성남 위례신도시의 대표 아파트 2017년식 위례센트럴자이아파트(1,413세대) 33평은 2024년 1월 기준 매매가가 15억 원, 전세가는 7억 4,000만 원에 형성되고 있다. 위례센트럴자이아파트는 위례에서 비교적 신축이고, 서쪽엔 위례초·중학교를 품고 있다. 게다가 동쪽엔 중앙광장 중심상권과 위례신사선 역이 들어설 예정이며, 남

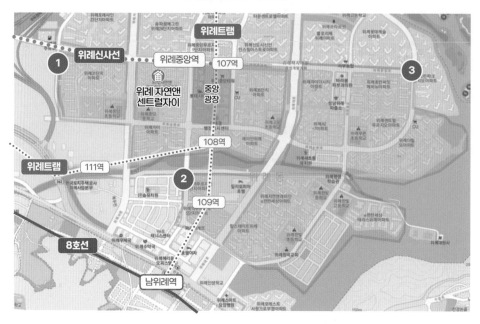

쾌적한 2기 신도시 위례

쪽엔 창곡천의 자연환경이 있다.

성남 위례신도시는 3권역으로 나눌 수 있다. 지도의 1권역을 보면 위례신도시 최대 상권인 중앙광장과 가깝고, 2권역은 8호선과 가깝다. 3권역은 오른쪽 외곽에 위치해 있다. 2권역은 2021년 8호선 남위례역이 개통되어 그나마 역까지 도보권으로 갈 수 있는데, 1·3권역은 비역세권으로 철도 교통이 불편하다.

하지만 애초에 2기 신도시는 가구당 평균 2,000만 원 수준의 광역교통개선대책 분담금(개발 면적 50만㎡ 혹은 수용인원 1만 명 이상 개발 사업을 할 때 수립하는 교통망 비용)이 분양가에 포함된다. 따라서 위례신도시는 위례선 트램과 위례신사선이 개통 예정이다. 현재 위례선 트램은 착공했고, 2027년 9월에 5호선 마천역과 8호선 남위례역이 연결될 예정이다.

따라서 위례신도시의 많은 곳들이 역과의 접근성이 향상된다. 무엇보다 가장 파급력이 큰 노선은 위례신사선이다. 위례에서 무려 강남 신사까지 연결이 되기 때문이다. 2028년 개통 계획이었는데, 현재 기본실시와 설계를 병행 추진 중으로 지연이 불가피한 상황이다. 위례는 환경이 쾌적하고 서울 송파구에 접해 있어 많은 사람들이 관심을 가지고 있다. 위례신사선으로 강남과의 접근성까지 좋아진다면 한층 더 위상이 높아질 것이다.


## 한창 재건축·재개발 중인 성남 구도심

판교, 분당, 위례신도시 다음으로 성남에서 실거주 구매와 투자를 검토한다면 어디를 봐야 할까? 성남에서 가장 활발히 재건축·재개발이 진행 중인 곳은 어디일까? 바로 수정구 산성동, 신흥동, 수진동과 중원구 중앙동, 상대원동인 성남 구도심으로 불리는 곳이다. 분당신도시가 입주하기 전 1960년 말부터 성남 구도심이 형성되었다. 분당신도시와 판교신도시가 차례로 입주하며 구도심과의 격차가 벌어졌다. 성남시도 구도심과 신도시를 사회적, 경제적, 정서적으로 통합하려는 의지를 가지고 있다.

구도심의 산성대로는 8호선이 지나고 수많은 차량이 통행하며

## 성남 구도심의 재개발 구역

출처: 조선일보 땅집GO

성남의 척추라 불린다. 신흥역은 신흥 로데오거리가 있고, 구도심 상권을 품고 있어 향후 역세권인 신흥1주택개발지구와 3주택개발지구가 완성된다면 구도심 대표 아파트로 꼽히기에 손색이 없다.

현재 구도심의 학군 수요는 분당과 용인 수지구로, 신도시 수요는 위례신도시와 대장·고등지구로 몰려 성남 구도심에는 관심이 상대적으로 적었다. 그러나 8호선 라인을 따라 진행되고 있는 대규모 정비사업으로 성남 구도심이 천지개벽하고 있다. 특히 4,089세대의 산성역 포레스티아아파트가 2020년 7월에 입주했고, 5,320세대의 e편한세상금빛그랑메종아파트가 2022년 11월에 들어섰으며, 2023년 10월에 4,774세대의 산성역 자이푸르지오가 입주하며 최근 2년 사이에 1만 4,000세대 규모의 신축이 들어섰다.

또한 3,372세대의 산성주택재개발지구와 5,090세대의 상대원2
구역주택재개발지구, 신흥역 앞 상업지역에 1,972세대의 도환중1
구역이 철거 중으로 1만 세대가 넘는 신축이 4~5년 뒤 공급된다.
많은 사람들이 구도심을 별 볼일 없는 지역으로 알고 있었는데, 후
에는 30년 넘은 분당신도시의 아파트와 상품성을 비교하게 될 것
이다.

또 앞으로 진행될 굵직한 재개발은 8호선의 산성대로 라인에 신
흥3구역재개발지구, 신흥1주택재개발지구, 수진1주택재개발지구
다. 산성대로는 도로교통의 주요 축을 차지하고 있고 산성대로 양
쪽에 상업지역이 펼쳐져 있다. 신흥종합상가, 로데오거리, 성남중
앙지하도상가 등 성남시에서 주요 상권에 관심을 가지고 도시재생
사업을 추진 중이다. 기존의 중심상권과 역세권에 대단지 신축이
생기면 성남 부동산에 지각변동이 일어날 것이다.

| 갓서블의 성남 ONE PICK! | ONE PICK | 특징 |
|---|---|---|
| 학군지 | 분당구 수내동 파크타운 | 내정초-내정중 학군 |
| 변화 많은 곳 | 분당구 이매동 아름마을 | GTX-A 호재, 굿모닝파크가 들어서며 판교와 동일 생활권으로 변화 |
| 실거주 | 수정구 창곡동 위례센트럴자이 | 위례선트램과 위례신사선 교통 호재 수혜, 위례중앙광장의 상권과 접근성 좋음 |

# 하남,
# 서울의 일부가 되어간다

| 인구 | 총 32만 9,612명(14만 250세대) |
|---|---|
| 지하철 노선 | 5호선 |
| 평당가 | 2,701만 원(2024년 1월 기준) |
| 평균 소득 | 4,377만 원 |
| **특징** | **강동구와 접해있어 서울로 접근이 쉬운 베드타운** |
| **대장 아파트** | **미사강변센트럴자이아파트** |

    하남은 신도시로 개발하기에 유리한 물리적, 환경적 장점을 가지고 있다. 하남은 서쪽으로는 서울 강동구와, 북쪽으로는 한강과 접해 있고, 검단산을 비롯한 자연환경이 좋으며 대부분 평지로 되어 있기 때문이다. 송파구에 접해 있는 감일지구도 입주가 마무리되고 있다. 3기 신도시 중에도 입지가 좋다고 평가받는 계획인구 7만 7,000명의 교산지구까지 들어선다면, 하남의 인구는 40만 명까지 늘어날 것으로 보인다.

    또 하남은 성남처럼 신도시와 구도심이 잘 어우러져 있다. 과거에는 차를 타고 미사리 카페로 나가는 교외 이미지가 강했는데, 상

# 하남 한 장 지도

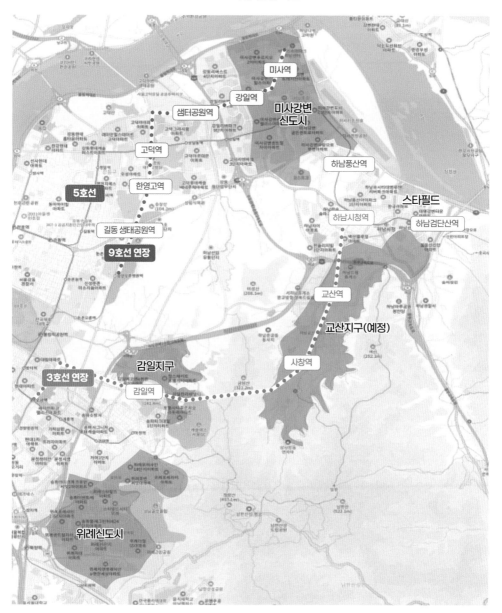

미사역
강일역
샘터공원역
미사강변
신도시
고덕역
하남풍산역
5호선
스타필드
한영고역
하남시청역
하남검단산역
길동 생태공원역
9호선 연장
교산역
교산지구(예정)
3호선 연장
감일지구
사창역
감일역
위례신도시

(9호선과 3호선 연장역은 변경될 수 있다.)

업·오피스시설, 주상복합, 지식산업센터가 계속 들어오면서 이제는 하남하면 스타필드가 더 먼저 떠오른다.

덕풍동, 신장동, 창우동이 속하는 구도심에 스타필드와 이마트가 있다. 구도심에서는 스타필드와 신세계백화점을 도보로 이용할 수 있는 상품성 좋은 신축이 인기가 많다. 2021년식 하남 호반써밋에듀파크, 2018년식 하남 UCITY대명루첸리버파크, 2017년식 하남 유니온시티에일린의뜰이 대표적이다. 하남풍산역과 하남시청역 주변은 인프라가 비슷해서 시세도 비슷하게 유지되고 있다.

위례신도시를 제외하고 하남에서 가장 선호도가 높은 곳은 2014년 이후 입주가 시작된 미사강변신도시다. 한강, 미사호수공원, 망월천의 자연환경과 더불어 택지지구로 구획이 잘 나눠진 깔끔한 신도시기 때문이다. 게다가 미사강변신도시가 생기면서 2021년에 구도심과 신도심을 연결하는 5호선이 연장(~하남검단산역)됐다.

하남은 지리적으로 서울과 가깝지만 철도망이 5호선 밖에 없어서 서울 주요 업무지구 접근성이 좋지는 않았다. 그러나 송파하남선(3호선 연장)과 강동하남남양주선(9호선 연장)이 제4차 국가철도망 구축계획에 포함됐다. 2030년 전후 개통을 목표로 잡고 있고, 3호선과 9호선은 강남을 지나는 인기 노선이기에 이 두 노선으로 하남의 서울 접근성이 한층 좋아질 것이다.

# 한강을 품은 미사강변신도시

미사강변신도시는 하남시의 망월동, 풍산동, 선동 일대에 총 5.67㎢의 면적으로 조성됐는데 약 3만 8,000세대 규모다. 이는 부천의 중동신도시와 비슷한 규모다. 미사강변신도시는 보금자리지구로 조성하기 위해 그린벨트가 해제되었고, 망월천과 한강 등의 자연녹지가 많아 쾌적하다. 미사강변신도시를 사람들이 선호하는 이유는 쾌적한 환경, 서울과의 가까운 거리 때문이다. '창을 열면 한강, 문을 열면 서울'이라는 슬로건을 내세울 정도였다. 올림픽대로가 있어 자가용 차량으로 잠실과 강남을 가기가 편한데, 5호선이 연장되어 지하철을 통한 교통도 좋아졌다. 5호선은 환승을 해야 강남에 갈 수 있다. 9호선이 연장되면서 강일역과 미사역이 들어올 예정이라 강남, 여의도, 마곡으로의 접근성이 증가하며 더 좋은 입지로 발돋움하고 있다.

미사강변신도시는 2014년 미사강변파밀리에아파트를 시작으로 입주가 진행됐다. 처음에는 보금자리지구였기 때문에 36개의 아파트 단지 중 12개 아파트만 민간 분양으로 공급됐다. 남은 24개는 공공분양, 임대, 장기전세, 행복주택 등으로 지어졌다. 민간 분양(민영)과 공공 분양(공영)은 구조, 마감 완성도, 조경, 커뮤니티 시설 등이 차이가 난다. 많은 신도시가 그렇듯이 민영 아파트의 가격이 더 높다.

## 9호선 연장의 호재가 있는 미사강변신도시

(9호선 연장역은 변경될 수 있다.)

미사강변신도시는 3권역으로 나눌 수 있다. 미사강변신도시는 압도적인 권역이 없고 각 권역의 장단점이 있는 것이 특징이다. 각 권역을 살펴보자. 미사역과 중심상업지구를 끼고 있는 화려한 1권역, 망월천 서쪽으로 조용한 주거지의 2권역, 한강공원과 올림픽대로를 쉽게 갈 수 있는 3권역으로 나눌 수 있다. 현재 입지가 가장 좋은 곳은 1권역이다.

1권역은 5호선인 미사역이 가깝다. 동쪽으로는 벚꽃으로 유명한 미사경정공원, 북쪽으로는 하남종합운동장의 체육시설, 서쪽으로는 망월천 등을 품고 있어 입지가 여러모로 좋다. 1권역의 대표 아파트는 미사에서 가장 신축이고 초역세권에 위치한 2021년식 미사역파라곤(925세대)이다. 미사역파라곤의 39평 매매가는 2024년 1월 기준 12억 5,000만 원, 전세는 7억 5,000만 원이다. 주상복합이지만 대부분의 동들은 상가 위가 아닌 대지 위에 지어져 아파트와 차이가 없는 것이 장점이기도 하다. 미사역 주변은 상업지여서 오피스텔이 많고 병원, 학원, 식당 등으로 번화하다. 여러 인프라를 누리면서도, 서울 주요 업무지구까지는 지하철로 출퇴근하고 싶은 수요층이 가장 먼저 찾는 권역이다.

2권역의 대표 아파트는 미사강변푸르지오아파트다. 미사강변대로를 끼고 있어 미사호수공원 뷰가 나오고, 북쪽 학원가 이용이 용이하다. 9호선 역이 들어온다면 도보 이용도 가능한 위치이다. 또 다른 인기 아파트는 하남의 대장 미사강변센트럴자이아파트다. 초품아에 하남의 인기 고등학교인 하남고등학교가 근접해 있고, 동쪽으로 학원가와 공원이 가깝다. 미사강변센트럴자이아파트는 1,222세대의 대규모 민영 아파트다. 미사강변신도시에서는 희소한 중대형 평형으로 구성된 것이 장점이다. 2권역은 상업시설과 떨어져 있어 안정적이고 조용한 교육환경을 선호하는 학부모들이 찾는다. 역까지 거리는 꽤 있지만 강일역과 미사역 중간에 있어 둘 다 도보로 이용 가능하다.

### 미사강변신도시의 가운데 위치한 미사호수공원

출처: 갓서블

3권역은 미사강변신도시 북쪽에 있다. 한강공원에 가까워질수록 자연환경은 좋아지지만 역, 중심상권과 멀어져서 심심한 느낌이 있다. 지금의 3권역은 지하철과 멀지만 9호선 연장으로 역사가 들어올 예정이라 한강 뷰와 9호선 환경을 둘 다 누릴 수 있어 희소성이 있다. 3권역에서는 미사강변더샵리버포레아파트가 대표 아파트로 꼽힌다.

미사강변신도시는 현재 5호선밖에 없어 5호선과의 거리가 입지에 중요했다. 앞으로는 9호선과의 거리에 따라 입지가 재편될 전망이다. 학군이 자리 잡고 형성되려면 10년 이상의 시간이 필요하다. 미사강변신도시는 연식이 10년이 채 안 됐다. 아직은 아이들 학원을 송파나 강동구 고덕으로 보내는 학부모가 많지만, 신도시의 특성상 아이들의 학업성취 수준이 균질한 편이고 교육열도 높아 앞으로 학군지로의 발전도 기대된다.

# 스타필드가 있는 하남 구도심

하남 구도심은 5호선이 지나가는 덕풍동, 신장동, 창우동으로 권역을 나눠 살펴보자. 2016년 9월 우리나라 최대 규모의 복합쇼핑몰인 스타필드와 신세계백화점이 하남에 들어왔다. 뒤이어 5호선이 2021년 하남검단산역까지 들어오며 하남 구도심의 분위기를 단숨에 끌어올렸다.

1권역에서는 2017년식 하남 유니온시티에일린의뜰아파트(754세대)가 대표 아파트로 꼽힌다. 2024년 1월 기준 33평 매매가는 9억 5,000만 원, 전세가는 6억 원이다. 에일린의뜰아파트는 5호선과 스타필드를 도보권으로 이용할 수 있다. 에일린의뜰아파트는 근처에 수변 산책로가 있고, 지상에 체육관과 물놀이장 등이 있는 유니온파크 공원이 있어 거주환경이 좋다. 하남검단산역 주변 하남대명강변타운아파트와 은행아파트도 초역세권에 스타필드 도보권이라 구축이지만 많이 찾는 곳이다.

이어서 2권역 하남시청역 주변은 하남 구도심의 시세를 견인할 곳이다. 2권역에는 2가지 변화가 있다. 우선 3호선이 하남시청역으로 이어질 전망이다. 기존에는 환승을 해야만 강남권에 갈 수 있었는데, 3호선을 통해 환승 없이 바로 강남까지 갈 수 있게 되었다. 그리고 2024년 3월, 더샵하남에디피스아파트가 앞으로 3·5호선 더블 역세권이 될 곳에 입주한다. 교통과 상품성의 변화로 하남 구도심의 랜드마크가 될 곳이다. 하남대로를 따라서 학원가와 초·중·고등학교가 밀집되어 있고, 하남문화예술회관 등의 문화시설도 있어

## 3호선 연장 호재가 있는 하남 구도심

정주 여건이 좋다.

3권역은 하남풍산역 근처인데, 초역세권인 하남풍산아이파크5단지가 대표 아파트로 꼽힌다. 이마트가 앞에 있고, 앞뒤로 공원과 도서관이 있다. 생태공원을 통해 안전하게 초등학교 등교가 가능한 장점이 있다. 구도심 중 위치상 북쪽에 있어 미사강변신도시의 인프라를 가까이서 이용할 수 있는 곳이기도 하다.

## 송파구에 인접한 감일지구

하남 감일지구는 범강남권 보금자리 주택지구로 조성되었고, 송파구 마천동과 도로를 경계로 접해 있어 입지 여건이 뛰어나다. 그러나 약 1.68㎢에 1만 4,000세대가 들어서 하남 미사신도시의 반절도 안 되는 규모가 아쉽다. 아무래도 규모가 클수록 각종 생활, 문화, 교육 인프라가 들어오기 때문이다. 또한 감일지구 내에 전철망이 없어 남쪽 일부 단지만 도보 15분 거리의 5호선 마천역을 이용한다. 대부분 단지는 자가용 차량이나 대중교통으로 이동을 해야 하는 불편함이 있다.

2권역은 3호선 역사가 들어오며 입지경쟁력이 높아질 곳이다. 3호선은 2030년 개통을 목표로 연장을 추진 중이다. 3호선이 들어온다면 수서역까지 10분, 환승 없이 대치동 학원가를 20분 안에 갈 수 있어 주민들은 3호선 연장을 손꼽아 기다리고 있다.

감일지구는 두 권역으로 나눌 수 있다. 1권역은 송파와 가깝다.

# 송파구와 붙어 있는 감일지구

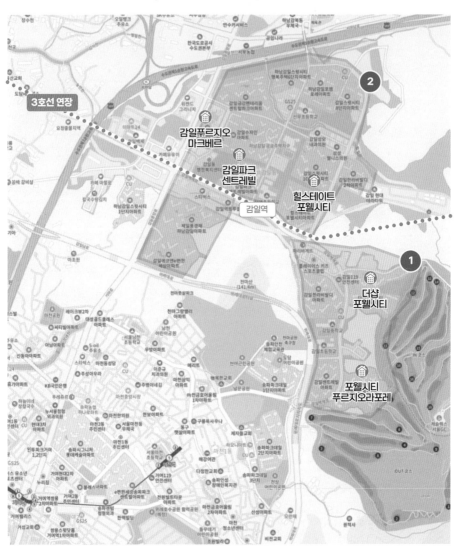

더샵포웰시티아파트와 포웰시티푸르지오라포레아파트는 골프장 뷰로 선호되는 곳이다. 2권역의 감일푸르지오마크베르아파트 또한 2023년 6월에 입주한 상업지구 내의 최신축 주상복합이고, 역까지 거리도 가깝다. 3호선을 도보로 이용할 수 있는 감일파크센트레빌 아파트나 힐스테이트포웰시티아파트도 선호도가 높다.

감일지구는 미래 가치가 기대되는 곳이다. 서쪽으로는 거여·마천 재개발 촉진지구, 남쪽으로는 위례신도시, 북쪽으로는 3기 신도시인 교산지구와 미사지구로 이어지는 주거 벨트의 중심에 위치하고 있기 때문이다. 지금은 해제되었지만 수도권 제1순환도로 북쪽의 감북지구도 주위의 개발압력을 받고 있어 관심 가져볼 만하다.

**갓서블의 하남 ONE PICK!**

| | ONE PICK | 특징 |
|---|---|---|
| 학군지 | 풍산동 미사강변센트럴자이아파트 | 명문 하남고와 학원가가 인접한 초품아 |
| 변화 많은 곳 | 선동 미사강변더샵리버포레아파트 | 최고 인기 노선인 9호선 역세권 미래 가치 |
| 실거주 | 망월동 미사역파라곤(주상복합) | 공원, 체육시설, 중심상업지의 접근성이 좋은 2021년식 신축이며 5호선 초역세권 |

# 구리,
# 작은 고추가 맵다

| 총인구 | 총 18만 7,836명(8만 720세대) |
|---|---|
| 지하철 노선 | 경의중앙선, 8호선(공사 중) |
| 평당가 | 2,255만 원(2024년 1월 기준) |
| 소득 | 3,788만 원 |
| **특징** | **서울과 접해 있는 한강 조망의 위성도시** |
| **대장 아파트** | **장자마을신명아파트** |

　구리는 면적 33.3km²로 우리나라에서 가장 작은 도시다. 또 산업단지나, 대기업 등의 일자리가 많지 않아 서울의 전형적인 베드타운인 곳이다. 구리는 한강의 북쪽에 있다. 다리를 건너면 강동구, 도로를 지나면 중랑구가 있어 서울 출퇴근하는 사람들에게 수요가 꾸준히 있다. 구리 도심 내에는 지하철 노선이 경의중앙선밖에 없었는데, 8호선이 암사역에서 별내선까지 연장된다. 구리에 무려 3개의 8호선 역이 들어서는 것이다.

　생활권은 크게 4곳으로 나눌 수 있다. 토평역 주변인 1권역은 한강과 가장 가까워 서울 접근성이 가장 좋다. 초·중·고등학교가 몰

# 구리 한 장 지도

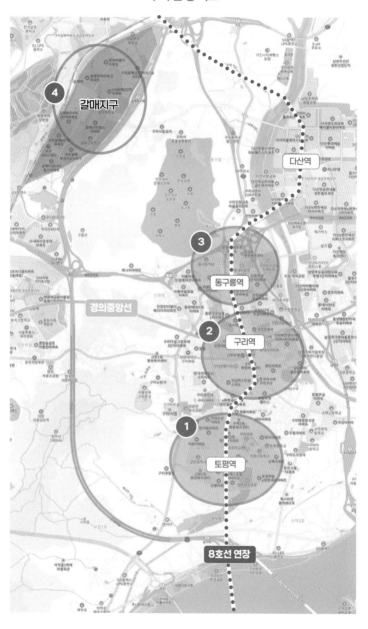

갈매지구

경의중앙선

다산역

동구릉역

구리역

토평역

8호선 연장

려 있고, 구리에서 가장 큰 학원가가 1권역의 학군을 지원한다. 장자호수의 자연환경도 좋아 주거지로 가장 인기가 좋다. 다만 연식이 30년 가까이 되어가는 게 단점이다.

2권역은 구리역 일대다. 경의중앙선이 있는데, 8호선이 환승역으로 추가되며 더블 역세권이 됐다. 롯데백화점을 중심으로 상권이 잘되어 있다. 구리역과 왕숙천 주변으로 신축이 들어서며 주거지 중심축이 1권역에서 2권역으로 옮겨지고 있다. 구리역 남쪽에 위치한 수택동은 주택 밀집 지역으로 도로가 좁고 정비가 덜됐다. 다소 낙후되어 정비 사업이 진행 중이다.

3권역은 동구릉역 주변이다. 역 서쪽은 오르막에 정비가 잘 안됐지만 연식이 토평역 근처 아파트에 비해 신축이고 주위에 롯데아울렛, 구리도매시장 등의 인프라를 갖추고 있다. 동구릉역 동쪽은 주공아파트와 복도식 아파트가 혼재해 있지만, 구획이 잘 나눠졌고 구리역 주변의 인프라를 이용할 수 있는 장점이 있다.

마지막 4권역은 2016년 이후 조성된 갈매지구다. 서울 신내역과 한 정류장 차이로 강북 접근성이 좋아 서울 출퇴근하는 수요가 많다. 또 구리에서는 볼 수 없는 정돈된 신도시라 젊은 사람들에게 인기가 많은 권역이다.

# 구리의 강남, 토평역 일대

토평역 주변인 토평동, 수택동, 교문동은 구리에서 시세를 견인했던 곳이다. 학원가 규모가 크고 학교가 밀집되어 있어 양호한 교육환경으로 나름 구리의 강남으로 불렸다. 다만 1994년부터 지어져 노후화가 됐다.

**곧 개통될 예정인 8호선 토평역 일대**

토평역 일대는 서울 중심지로의 접근성이 좋다. 구리암사대교, 강동대교를 통해 서울을 진입할 수 있고, 수도권 제1순환고속도로를 이용할 수 있어 자가용 차량으로 서울 광진구와 강동구를 빠르게 접근할 수 있다. 여기에 8호선의 연장인 별내선이 들어서면 잠실을 15분 안에 갈 수 있어 입지 가치가 더욱 높아질 곳이다.

대표 아파트로는 2001년식 토평마을 대림e편한세상아파트(678세대)가 있고, 2024년 1월 기준 34평이 매매가 9억 2,000만 원, 전세가는 4억 6,000만 원에 거래되고 있다. 지어진 지 20년이 넘었지만, 구리시립토평도서관이 있고 토평초·중·고가 근처에 모두 있어 학군이 좋다. 구리여자중·고등학교도 있어서 여아를 둔 학부모는 선택의 폭을 넓힐 수 있다. 또한 장자호수공원의 자연환경이 좋고 앞동은 한강까지 조망할 수 있어 희소성도 있다.

**장자호수공원을 내려다보는 토평마을 대림e편한세상아파트**

출처: 갓서블

교문동은 서울 강북권역인 중랑구에서 진입하면 만나는 동네다. 구리시청, 경찰서, 소방서, 세무서 등의 관공서가 밀집되어 있다. 인근에 한양대학교 구리병원도 있다. 교문동의 대표 아파트는 장자마을 신명아파트다. 35평의 단일 평형이지만, 북쪽은 8호선 토평역과 학원가가 있는 중심상권이 있고, 동쪽에는 장자호수공원이, 서쪽으로는 장자초·중학교가 있다. 남쪽으로는 한강과 롯데타워의 스카이라인을 조망할 수 있다. 또 관심 가질 만한 곳으로 덕현아파트, 한가람아파트, 구리한양우성아파트가 있다. 이 아파트 주변에는 백문초·중학교가 있고, 8호선 토평역을 이용할 수 있다.

구리시 전체에서 가장 높은 실거래 가격이 찍힌 곳은 장자호수공원 서쪽에 있는 장자마을 금호베스트빌5단지2차아파트의 62평형이다. 무려 16억 9,000만 원에 실거래됐다. 중대형과 대형 평수로만 이뤄져 있어 구축임에도 주차 대수가 1.92대다. 동 간의 간격이 넓고 지하철(토평역), 상권, 학원가, 학교, 공원, 한강과 장자호수 뷰까지 갖췄다. 수택동에 있는 대림한숲아파트도 선호도가 높다. 동쪽에 부양초등학교와 구리중·고등학교가 있고, 북쪽엔 구리 최대 학원가가 있기 때문이다.

수택동은 골목상권인 돌다리 곱창 골목, 주택과 아파트, 재개발을 진행하는 구역 등 다양한 풍경을 볼 수 있는 곳이다. 돌다리사거리를 중심으로 구리 최대 규모의 상권인 곱창 골목이 유명하다. 상권 부근에 정비구역 12개가 지정되었는데, 현재는 인창C구역주택재개발지구, 수택E구역주택재개발지구를 제외한 나머지 사업이 취소됐다. 상가가 활성화된 구역은 재개발에 어려움을 겪는 경우가 많다. 재개발이 진행되면 일터를 잃고 그간의 단골손님이 끊기면서, 수입에 단절이 있기 때문이다.

수택E구역은 재개발이 진행 중이다. 구리역과 거리는 멀지만, 수택E구역에는 무려 3,050세대의 대단지가 형성될 예정이다. 현재는 구리 행복마을 인창주공4단지아파트가 1,408세대로 가장 대단지인데, 무려 2배 이상 큰 규모다. 구리가 18만 명 규모의 도시임을 생각하면 대단히 고무적이다. 또한 수택E구역에서는 왕숙천을 조망할 수 있다. 수택동은 낙후된 권역이 많아 가장 큰 변화를 맞이하고 있다. 도심 재생 관점에서도 앞으로 어떻게 주거지가 들어설지 흥미진진한 곳이다.

## 구리 빅4 아파트가 있는 구리역 주변, 인창동

구리역 주변보다는 토평동, 교문동, 수택동 등 토평역 주변을 선호하는 경향이 있다. 학군이나 자연·주거환경이 더 좋기 때문이다. 하지만 토평역 일대의 아파트가 지어진 지 30년가량 되어가면서 자연스럽게 신축으로 세대교체가 되고 있다. 바로 이른바 구리역 '빅4 아파트'다. 이 빅4 아파트는 e편한세상인창어반포레아파트(인창동), 구리역롯데캐슬시그니처아파트(인창동), 한양수자인구리역아파트(수택동), 힐스테이트구리역아파트(수택동)다.

구리역 북쪽의 인창동은 20년 넘는 세월 동안 인프라가 축적되며 완성형이 되었다. 또 구리의 다른 지역과 비교해 신축의 공급이

## 8호선 연장역이 2곳이나 생기는 인창동

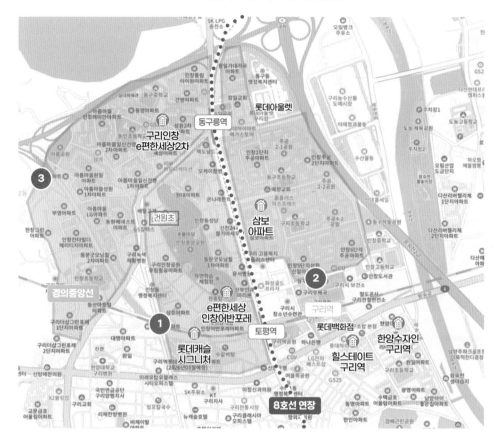

많다. 기존 인프라에 상품성이 더해져 앞으로 사람들이 더 몰려들 것이다.

남쪽에 비해 교육환경은 부족하지만, 원래 있던 경의중앙선에 더해 8호선이 연장되며 교통 편의성이 증가할 것이다. 인창동은 갈 매택지지구가 생기기 전까지는 구리의 유일한 역세권이었다. 여기에 더해 8호선 연장이 예정되면서 더블 역세권이 됐다. 교통의 중심지인 인창동은 크게 3개의 권역으로 나눌 수 있다.

1권역은 더블 역세권에 롯데백화점의 중심상업지구가 존재하고, 신축들이 들어서면서 구리에서 가장 선호하는 곳이다. 경의중앙선이 지나가기 때문에 환승 없이 갈 수 있는 용산역을 통해 서울 도심 내 출퇴근이 가능했다. 8호선이 연장되면 곧 잠실과 강남 출퇴근도 용이해질 것이다. 1권역의 대표 아파트는 2020년식 e편한세상인창어반포레아파트(632세대)이고, 2024년 1월 기준 34평 매매가는 10억 4,000만 원, 전세가는 5억 7,000만 원이다. 초등학교가 조금 멀지만, 역까지의 거리가 가깝고 신축이라 단점을 충분히 만회하고도 남는다. 또 다른 구리 빅4 아파트인 한양수자인구리역아파트는 동쪽에 왕숙천이 가까이 있어 자연환경과 조망권이 좋고 초품아인 것이 장점이다.

2권역은 구리역의 인프라를 이용할 수 있고 구획이 잘 나눠져 있어 깔끔하다. 구리인창동삼보아파트가 대표 아파트다. 더블 역세권에 가장 근접해 인프라가 좋고, 대로변에 접해 있어 차량 진출입이 편리하다.

3권역은 인창중앙공원 서쪽이다. 오르막에 정돈되지 않았지만, 8호선 동구릉역이 들어온다. 2006년식 구리인창e편한세상2차아파트가 대표 아파트다. 토평역 주변에 비해 인창동은 학교가 부족한데, 초·중학교가 주변에 있고 브랜드도 e편한세상아파트로 양호하다. 건원대로를 건너면 롯데아울렛, 농수산물 시장 등이 있어 인프라도 좋다.

# 서울까지 한 정류장인 갈매지구

구리 갈매동은 서울 중랑구 신내동과 남양주 별내신도시 사이에 있어 구도심과 생활권이 다르다. 행정구역만 구리라 할 수 있다. 갈매지구는 2017~2018년에 입주한 신규 택지지구다. 신규 택지지구답게 상업지구, 주거지역, 준주거지역이 잘 나눠져 있다. 준주거지역에 일자리를 유입하고자 지식산업센터가 다수 들어서 있는 것이 특징이다.

서울 중랑구, 노원구에 접해 있어 서울로 출퇴근하는 사람들의 수요가 이곳에 모였다. 경춘선을 통해 갈매역에서 상봉역까지 8분이면 갈 수 있고, 상봉역에서 7호선으로 환승하면 강남 논현까지 41분에 갈 수 있다. 또 갈매역에서 별내역으로 한 정거장 올라가면 8호선을 타고 잠실까지도 빠르게 갈 수 있을 전망이다.

1권역의 대표 아파트로는 2018년식 갈매역아이파크아파트(1,196세대)고, 2024년 1월 기준 34평 매매가는 7억 5,000만 원, 전세가는 4억 4,000만 원이다. 경춘선 갈매역과 가장 가깝고, 갈매천과 갈매중앙공원의 녹지공간 접근성도 좋다. 상업지를 옆으로 끼고 있어 모다아울렛과 중앙상가 상업시설을 편하게 이용할 수 있는 슬리퍼 상권이고, 학원가도 가깝다. 2권역의 대표 아파트로는 구리 갈매푸르지오아파트가 꼽힌다. 역과 거리가 있지만 초품아고 갈매지구에서 유일하게 40평형이 있는 브랜드 아파트이기 때문이다.

경춘선 반대쪽 약 79만㎡ 부지에 6,395세대, 약 1만 5,000명의 규모로 구리갈매역세권공공주택지구를 계획하고 있다. 갈매지구가

## 서울과 접한 갈매지구

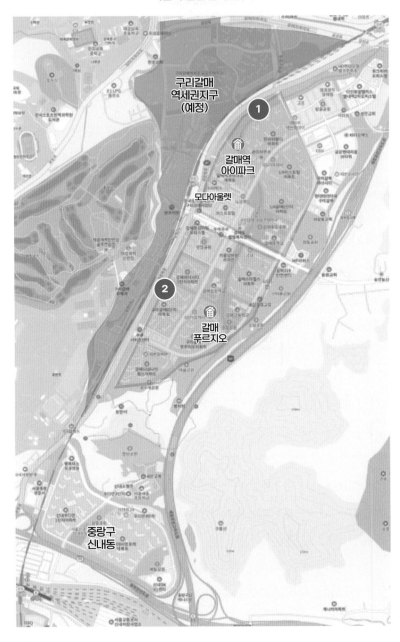

143만㎡ 부지에 9,912세대로 들어섰으니 이보다는 규모가 작은 편이다. 기존 갈매지구는 신내동과 별내동 사이에서 붕 뜬 느낌이었는데, 새로 갈매역세권공공주택지구가 조성되면 별내지구와 자연스럽게 생활권이 이어지며 하나의 큰 주거 벨트가 형성될 것이다.

갓서블의
구리 ONE PICK!

| | ONE PICK | 특징 |
|---|---|---|
| 학군지 | 교문동 장자마을신명아파트 | 여러 학교와 학원가가 밀집된 초·중품아 |
| 변화 많은 곳 | 수택동 한양수자인구리역아파트 | 수택E구역, 수택1지구 재개발로 환경이 개선되며 8호선 호재 소식도 있음 |
| 실거주 | 갈매동 갈매역아이파크아파트 | 신도시의 쾌적함, 경춘선 초역세권 환경 |

# 남양주,
# 10년 뒤 100만 도시가 될 곳

| | |
|---|---|
| 총인구 | 총 73만 2,376명(30만 4,000세대) |
| 지하철 노선 | 경의중앙선, 경춘선, 4호선, 8호선(공사 중) |
| 평당가 | 1,445만 원(2024년 1월 기준) |
| 소득 | 3,592만 원 |
| **특징** | **일자리가 부족한 도농복합도시** |
| **대장 아파트** | **다산자이아이비플레이스(주상복합)** |

　　남양주는 비슷한 규모의 시가지가 분산되어 있는 다핵도시다. 남양주에서 가장 선호되는 곳은 다산진건지구와 다산지금지구가 속해있는 다산신도시다. 2018년 전후로 들어선 가장 신축인 신도시라 쾌적하고, 지리적으로도 서울에 가깝다. 더군다나 8호선 연장으로 잠실, 강남과의 접근성이 좋아지는 곳이다.

　　남양주의 별내신도시는 2012년 전후로 입주한 도시다. 도시가 생긴 지 10년이 넘어 인프라가 충분히 갖춰졌고, 4호선이 지나가 남양주에서 두 번째로 선호하는 곳이다. 별내신도시 남쪽에 있는 별내역은 8호선 연장과 더불어 GTX-B노선이 들어올 예정이다. 경

## 남양주 한 장 지도

춘선이 이미 지나고 있어 트리플 역세권이 될 것이다. 8호선으로는 잠실과 강남, GTX-B로는 용산과 여의도까지 환승 없이 빠르게 갈 수 있게 된다.

남쪽의 덕소뉴타운은 한강을 남향으로 마주하고, 한강공원과 가까워 자연환경이 좋다. 다리 하나만 건너면 하남, 서울 강동구와 이어져서 물리적으로도 서울과 거리가 가깝다.

북쪽의 진접지구는 왕숙천, 철마산이 있어 자연환경이 좋지만, 남양주의 북쪽에 치우쳐 있어 교통의 불모지였다. 그러나 2022년 4호선이 진접까지 연장되며 서울 도심권역에 50분 이내로 갈 수 있게 됐다.

동쪽의 평내와 호평에도 8만 5,000명이 거주한다. 초·중·고등학교가 많고, 이마트 등 상업시설이 잘 갖춰져 있어 정주 여건이 좋은 편이다. 서울 출퇴근을 경춘선으로 하면 1시간이 넘게 걸리는 게 단점이었지만, GTX-B노선이 들어오는 호재가 있다. GTX-B노선은 A노선과 C노선에 비해 진행이 더디지만 일단 들어오면 서울 도심 내 접근성은 아주 좋아진다.

남양주시에는 앞으로 왕숙1·2지구에 각각 5만 2,000세대, 1만 3,000세대 규모의 3기 신도시가 예정되어 있다. 계획대로라면 현재 73만 명인 남양주 인구가 2035년 100만 명으로 증가할 것이다.

## 남양주 리딩 권역, 다산신도시

다산신도시는 정약용의 호 '다산'을 따서 만들어진 신도시다. 이를 기념하기 위해 도농역 근처에 정약용도서관이 있다. 행정구역상으로는 다산동, 지금동, 도농동으로 이뤄져 있다. 기존 철도망으로는 경의중앙선인 도농역이 있고 주변에 의정부지방법원 남양주지원, 의정부지방검찰청 남양주지청, 경기남양주남부경찰서, 남양주시청제2청사 등 주요 관공서가 들어서 있다.

도농역 주변에는 6,000세대가 넘는 부영타운이 있다. '플루리움'으로 단지 명이 바뀐 곳인데, 도농역 1번 출구로 나오면 바로 이어지는 초역세권 단지다. '플루리움'이라는 브랜드는 크게 장점이 없지만 워낙 대단지에 초·중학교를 품고 있고, 이마트 등의 상업시설과 학원가 등이 잘 갖춰져 있어 랜드마크로 꼽힌다.

도농역에서 다산신도시로 시선을 옮겨보자. 다산신도시는 남쪽의 지금지구보다 북쪽의 진건지구의 인기가 더 많은데, 현대아울렛의 쇼핑시설과 왕숙천이 있고, 무엇보다 2024년에 8호선의 연장인 별내선이 개통하기 때문이다.

진건지구는 크게 3개 권역이다. 8호선 별내선이 들어오는 진건역 주변 1권역, 다산중앙공원에 인접한 2권역, 현대아울렛과 가까운 3권역으로 나눌 수 있다.

1권역의 대표 아파트는 8호선 진건역이 아파트 지하로 연결되어 교통이 편리하고, 상업지를 끼고 있는 주상복합인 다산자이아이비플레이스다. 2021년식 다산자이아이비플레이스(967세대)는 2024년 1월 기준 33평 매매가 10억 5,000만 원, 전세가는 5억 5,000만 원이다. 주상복합은 보통 저층부에 상업시설을 두고, 그 위에 건물을 올려 산책이나 놀이터 등의 공용공간이 좁은 편이다. 그러나 다산자이아이비플레이스는 하남의 미사역파라곤(주상복합)처럼 대지 위에 주택이 올라가서 아파트 같은 느낌이다.

2권역에서는 역까지의 거리도 양호하고 남양주다산초·중·고등학교가 나란히 붙어 있는 민영 브랜드 힐스테이트다산아파트가 대

## 다산신도시의 진건지구

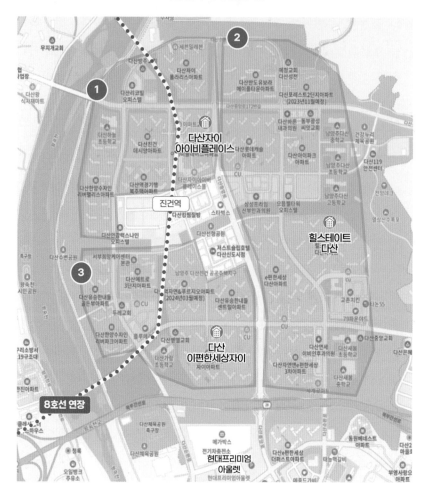

표 아파트다. 3권역에서는 초품아에 현대프리미엄아울렛 스페이스원을 도보 5분에 갈 수 있는 다산이편한세상자이아파트가 대표 아파트로 꼽힌다.

형성된 지 10년이 안 된 신도시고 학군에 큰 차이가 없어, 역이나 학교까지의 거리와 상품성(민영, 공영 차이)으로 가격이 결정이 된다. 쉽게 말해 역까지 거리가 가깝고 최신축인 다산자이아이비플레이스의 시세가 가장 높고, 초·중·고등학교 접근성이 좋고 민영인 힐스테이트다산아파트가 두 번째로 비싸고, 공영이고 남쪽 도로로 막혀 있는 다산이편한세상자이아파트가 세 번째로 가격이 높다.

## 남양주의 전통강호, 별내신도시

다산신도시가 생기기 전에는 별내신도시가 남양주의 1등 입지였다. 별내신도시는 별내동의 일원에 택지개발사업으로 조성됐다. 구리 갈매지구를 지나면 서울 노원구 상계동, 중계동, 중랑구 신내동 등에 가까워 서울 동북부에 거주하던 사람들이 별내동으로 많이 이주했다.

별내신도시에는 현재 경춘선(별내역)과 4호선(별내별가람역)이 지난다. 아쉬운 점은 별내신도시 남쪽 끝에만 경춘선이 지나고 마찬가지로 북쪽 끄트머리에만 4호선이 지나가서 도시철도의 수혜를 받는 곳이 제한적이라는 점이다.

별내신도시를 권역별로 살펴보자. 별내신도시에서 수요가 가장 많은 곳은 역세권인 2권역이었다. 2022년 3월에 연장된 4호선 별내별가람역이 있기 때문이다. 별내아이파크2차아파트가 대표 아파

# 4호선과 경춘선 사이에 있는 별내신도시

트인데, 천을 따라 공원 산책로의 자연환경이 좋고, 4호선 도보권이다. 별내별가람역 주변에 상권과 학원이 적당히 잘 갖추어져 있다. 학원가가 다른 지역에 비하면 빈약하지만 중계동 학원가가 가까워 부족한 부분을 상쇄하고 있다.

앞으로는 별내역 주변인 1권역으로 사람이 좀 더 몰릴 것이다. 별내역에 교통 호재가 집중되어 있기 때문이다. 기존 경춘선에 8호선 연장인 별내선이 2024년 6월 개통을 앞두고 있고, GTX-B노선도 별내역에 들어올 예정이다. 별내선으로는 강남, GTX-B노선으로는 용산과 여의도 접근성이 좋아진다.

1권역에서는 별내 쌍용예가아파트의 입지가 가장 좋다. 한별초등학교는 육교를 통해 안전하게 갈 수 있고 한별중학교와 별내고등학교, 도서관이 도보권이어서 교육환경이 좋다. 또 별내역 주변에 있는 이마트를 포함한 상권과 북쪽 학원가의 중간에 위치해 주변 인프라를 이용하기 편리하다. 동쪽에는 중앙공원이 있어 녹지공간도 충분하다.

별내신도시 통틀어서 대표 아파트가 될 곳은 2023년식 별내자이더스타(740세대)다. 2024년 1월 기준 35평 매매가는 9억 4,000만 원, 전세가는 5억 원이다. 이마트와 별내역 5분 도보권이고 상업지에 지어진 주상복합이다. 학교와의 거리가 단점으로 꼽히지만, 다산신도시의 다산자이아이비플레이스와 비교되며 시세가 연동될 곳이다.

# 한강이 보이는 덕소뉴타운

덕소뉴타운은 행정구역상으로는 남양주시 와부읍 덕소리다. 경의중앙선 덕소역이 있고 10분 걸러 3정거장 거리인 구리역을 갈 수 있다. 구리역에서 8호선 연장인 별내선을 이용할 수 있으니 지하철 이용이 나쁘지 않다. 또 덕소삼패IC를 거쳐 서울양양고속도로를

**한강을 품고 있는 덕소역 주변 지도**

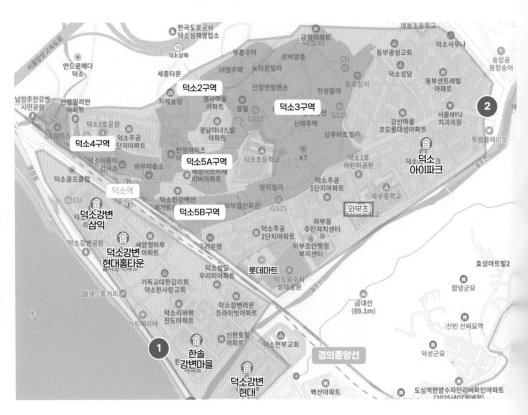

진입하거나 외곽순환대로, 올림픽대로, 강변북로를 타고 잠실과 강남까지 갈 수 있어 자가용 차량을 통한 접근성도 좋은 편이다. 미사대교를 건너면 하남시 미사강변신도시, 강동구 강일지구로 넘어간다. 무엇보다 덕소뉴타운은 예봉산을 뒤로 하고 한강을 앞에 두는 배산임수 지형이다. 서울 성동구와 광진구처럼 한강을 남향으로 조망하는 한강 프리미엄을 가진 곳이다.

덕소역 주변은 남쪽과 북쪽 두 권역으로 나눌 수 있다. 남쪽의 1권역은 상업시설과 학교가 없어 인프라가 부족하지만, 한강을 조망할 수 있어 좀 더 가격이 높다. 대표 아파트는 2001년식 덕소강변현대홈타운아파트(387세대)고, 2024년 1월 기준 32평 매매가는 6억 7,000만 원, 전세가는 3억 5,000만 원이다. 덕소강변삼익아파트, 한솔강변마을아파트도 많이 찾지만 연식이 오래됐다. 주변에 신축 주상복합이 생기면서, 한강 뷰를 누리면서도 상품성이 높은 선택지가 하나 더 생겼다.

덕소역 북쪽의 2권역은 롯데마트와 상업지역을 끼고 있고, 학교가 있어 생활환경은 편하다. 덕소아이파크아파트는 1,239세대 대단지 브랜드 아파트에 초·중학교를 품고 있어 학부모 선호도가 높다. 2권역의 단점은 도로가 난잡하고 오르막길이라 위로 올라갈수록 역을 이용하기 불편하다는 것이다. 하지만 덕소2구역부터 덕소5구역까지 총 6,300세대의 재개발이 진행 중이다. 복잡하고 좁은 도로망과 슬럼화된 구역의 환경이 개선될 것으로 기대된다.

여태 덕소뉴타운의 수요는 다산신도시, 별내신도시, 평내·호평지구, 진접지구, 하남의 미사신도시 등 인근에 대규모 신도시가 조성될 때마다 계속 이탈하는 경향이 있었다. 그러나 재개발로 덕소 뉴타운에 신축 대단지가 형성되면 장점이었던 한강 프리미엄과 서울 접근성이 부각되면서 다시 수요가 몰려들 것이다.

**갓서블의 남양주 ONE PICK!**

|  | ONE PICK | 특징 |
|---|---|---|
| 학군지 | 별내동 별내쌍용예가아파트 | 한별초-한별중 진학 가능한 학군, 서울 중계동 학원가 이용 |
| 변화 많은 곳 | 별내동 별내자이더스타 | 별내선 연장, GTX-B 호재 |
| 실거주 | 다산동 다산자이아이비플레이스 | 신도시의 쾌적함, 별내선 출구와 지하로 연결되어 편리한 교통 |

# 리모델링 투자의 모든 것

## 리모델링 투자의 장점과 단점

2024년 1월 현재, 리모델링은 재건축과 다르게 절차가 간소하다. 재건축은 안전진단 통과 후 정비구역 지정을 하고 조합설립을 하는데, 리모델링은 조합설립부터 한다. 리모델링 안전진단은 조합설립 이후에 진행한다. 게다가 재건축은 안전진단 등급이 D나 E등급이어야 하는데 리모델링은 A·B·C등급도 가능하다. 리모델링은 재건축에 비해 안전진단 통과가 상대적으로 수월할 수밖에 없다.

재건축은 평균 9.7년이 걸린다. 절차가 간소하기에 리모델링은 평균 5년 정도가 소요된다. 재건축은 지어진 지 30년이 넘어야 신청이 가능하다. 연식이 15년 이상이면 신청 가능하다는 점도 리모델링의 장점이다. 그러나 현행법으로는 내력벽 철거가 안 돼서, 아파트 내부 구조를 바꿀 수 없다는 것이 리모델링의 단점 중 하나다. 요즘 선호하는 4베이(bay, 전면 발코니를 기준으로 내벽과 내벽 사이의

한 구획을 뜻하는 용어) 구조가 아닌 기존의 2~3베이를 유지할 수밖에 없다. 내력벽을 유지한 채 평수를 넓히기 위해 건물 앞, 뒤로 살을 붙이기 때문이다. 또 과거에 없던 스프링쿨러 등의 소방시설을 설치하며 천장이 낮아지고, 기존 단지 부지에 여유가 없는 경우에는 커뮤니티 시설을 만들 수 없는 것도 단점이다.

그럼에도 불구하고 리모델링 사업을 추진하는 이유는 사업성 때문이다. 일반적으로 재건축은 아파트 용적률이 180% 이하여야 사업성이 좋은데, 용적률이 높아 사업성이 좋지 않더라도 주민들이 원해 재건축을 진행하는 경우가 있다. 그렇지만 용적률이 180%를 훌쩍 넘기면 사업 효율이 떨어져 현실적으로 재건축이 쉽지 않다. 재건축 공사비의 3의 2가량 정도로 비용이 적게 들기 때문에 리모델링을 고려하기도 한다.


## 리모델링 투자 주의점

일반 아파트 투자는 입지 평가를 한 후에 바로 가격 평가를 하지만 재개발·재건축·리모델링은 입지 평가, 사업성 평가, 실현 가능성 평가를 거쳐야 해 좀 더 난이도가 있다. 리모델링 투자는 재건축과 비슷하면서도 달라 별도의 기준이 필요하다.

리모델링 투자에서 첫째로 주의할 것은 '동과 호수'다. 재건축은 건물 자체를 허물고 나서 동과 호수 추첨을 하지만 리모델링은 그렇지 않다. 기존 층이 3층 서향이었다면 리모델링 후도 3층 서향,

15층 남향이라면 리모델링 후에도 15층 남향으로 기존 동과 호수를 그대로 가져간다.

둘째로 가치 평가다. 리모델링은 재건축과 다른 기준의 가치 평가를 해야 한다. 언급했듯이 리모델링은 재건축과 다르게 건물 구조와 커뮤니티 시설을 개선하는 데에 한계가 있기 때문이다. 예를 들어, 강남 개포동 우성9차아파트는 2021년 개포더샵트리에아파트(232세대)로 리모델링됐다. 2019년 주변에 새로 지어진 래미안블레스티지아파트(1,957세대)와 비교했을 때 연식이 비슷하다. 브랜드도 같은 1군이고, 세대수는 적지만 개포더샵트리에아파트가 구룡역과 더 가깝다. 과연 시세는 어떻게 형성됐을까?

| | 2021년 12월 경 시세 | 2023년 6월 경 시세 |
|---|---|---|
| 개포더샵트리에아파트(A) | 약 29억 원 | 약 24억 원 |
| 래미안블레스티지아파트(B) | 약 35억 원 | 약 30억 5천만 원 |
| A/B 백분율 | 82% | 78% |

2023년 개포더샵트리에아파트 40평은 래미안블레스티지아파트 동일 평형에 비해서 20% 정도 낮은 시세를 형성하고 있다. 개포더샵트리에아파트는 세대수도 적어 커뮤니티 시설을 넣지 못했고, 내부구조 변경에도 제약이 있었기 때문이다. 이렇듯 리모델링 아파트는 구조적 한계가 있어 신축과 다른 가치 평가가 필요하다.

## 리모델링 관심 가져야 할 지역은 어디일까?

성남시 분당구에 적지 않은 아파트들의 리모델링이 진행되고 있다. 대부분 600세대 이상이어서 커뮤니티 시설이 들어가 그나마 리모델링의 단점을 상쇄할 수 있기 때문이다. 다른 입지 요건 또한 좋기 때문에 관심이 뜨겁다.

분당, 평촌 등의 1기 신도시는 연식이 오래되어 전세가가 낮아 투자금이 많이 들어간다. 하지만 리모델링은 재건축처럼 아파트 감정평가액이 높아 이주비 대출이 많이 나온다. 이주비 대출이 많이 나오니 주변의 이미 지어진 아파트에 비해 투자금을 낮출 수 있는 포인트가 있다.

그리고 분당이나 평촌, 용인 수지구 같은 학군지는 대부분 구축이어서 신축에 대한 수요가 많다. 리모델링 사업 진행이 빠르게 되고 있는 학군지를 주목해야 하는 이유다. 현재 경기도에서는 분당의 리모델링 사업이 가장 빠르다. 분당의 리모델링 사례가 성공적으로 안착하면 평촌과 용인 수지구도 함께 영향을 받기에 관심을 가지고 지켜보기 바란다.

# 3 경기도 중부권역 입지분석

안양 ---- 의왕 ---- 군포 ---- 광명

광명
안양
군포
의왕

# 안양,
# 전통적인 공업도시

| | |
|---|---|
| 총인구 | 총 54만 4,514명(22만 8,000세대) |
| 행정구역 별 인구 | 동안구(31만 명), 만안구(23만 명) |
| 지하철 노선 | 1호선, 4호선, 월곶판교선(공사 중), 인덕원동탄선(공사 중) |
| 평당가 | 2,288만 원(2024년 1월 기준) |
| 평균 소득 | 4,307만 원 |
| **특징** | **서울 접근성이 좋은 경기 남부의 학군지** |
| **대장 아파트** | **평촌더샵센트럴시티아파트** |

안양시는 전통적인 공업도시다. 평촌스마트스퀘어도시첨단산업단지, 안양 벤처밸리와 같은 공업지역에 오뚜기, LS일렉트릭 등 제조업 중심의 일자리가 많이 있다. 동안구 평촌신도시에 접해 있는 평촌스마트스퀘어도시첨단산업단지는 지식산업, 문화산업, IT산업 등의 업종 제한이 있어 지식산업센터와 오피스 위주로 입점했다. 세련된 업무지구 느낌이 나서 기존 주거지와 이질감 없이 어울린다. 안양은 범계역에서 강남역까지 35분 걸리고, 가산디지털단지까지 25분, 여의도까지 48분이 걸려 서울 도심 접근성이 좋다. 또 평촌 학군지가 있어, 경기 남부권에서는 수요가 꾸준한 도시다.

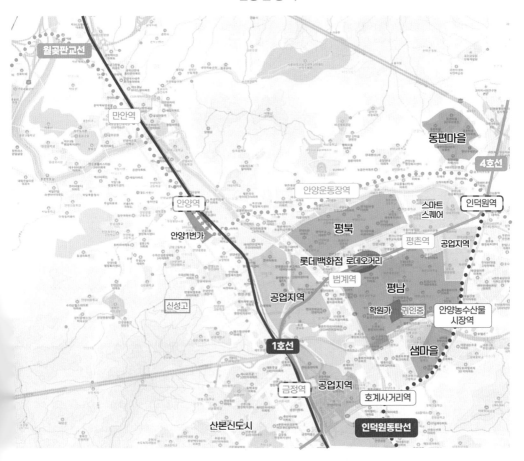

안양은 만안구와 동안구로 나뉘는데, 보통 안양하면 동안구의 평촌을 먼저 떠올린다. 원래 안양 상권의 중심지는 안양역이 있는 만안구의 안양 1번가였으나 범계역 롯데백화점 근처의 로데오거리로 옮겨졌다. 평촌은 4호선이 지나고, 범계역과 평촌역이 있다. 4호선을 경계로 남쪽을 '평남', 북쪽을 '평북'이라고 일컫는다.

보통 평북보다는 평촌에서 가장 선호하는 중학교인 귀인중학교와 경기권 단일 규모 최대 학원가가 있는 평남을 더 선호한다. 평남의 꿈마을은 중대형 평형으로 구성되어 입주 초기부터 부촌으로 불린 곳이다. 평촌 내에는 신축이 들어설 땅이 없어 평북에 있는 2016년식 평촌더샵센트럴시티아파트가 시세를 견인하고 있다.

인덕원역 위쪽 동안구 동편마을 단지는 2012년식이라 비교적 신축이다. 바로 인접한 지역에 과천지식정보타운이 생기고 동명의 4호선 역이 신설될 예정이다. 지식정보타운이 생기면 일자리는 자연스럽게 따라오게 될 것이다. 동편마을 카페거리가 화사하게 자리 잡아 성남의 서판교와 비슷한 주거지의 느낌이 난다. 신축인 평촌더샵아이파크아파트, 평촌어바인퍼스트아파트와 평촌엘프라우드아파트, 뉴타운맨션삼호아파트재건축개발지구 등 신축이 계획 중이고, 월곶판교선과 인덕원동탄선 신설 등의 교통 호재와도 맞물리면서 평촌이 남북으로 확장되고 있다.

만안구는 1호선이 지나는 노후화된 구도심 권역이다. 1호선은 지상철이라 권역을 단절시키고, 소음과 분진이 생기는 특성이 있다. 정비사업으로 안양 어반포레자연앤e편한세상아파트, 안양역푸르지오더샵아파트 같은 대단지가 들어서고 있는 게 변화 포인트다. 동안구에 비해 학군, 학원가가 열세지만 아파트의 상품성이 높아지고 월곶판교선이 개통되는 등 변화가 생기고 있다. 안양은 중학교에 비해 고등학교 학군이 약한 편이지만, 신성고등학교가 좋은 실적을 내고 있어 학군의 명맥을 이어가고 있다.

# 경기권 최대 학원가 평촌

　평촌<sup>坪村</sup>은 지명에서 보듯이 평지에 지어졌다. 조성된 지 30년이 넘었지만 1기 신도시답게 구획이 깔끔하다. 4호선이 있어 강남 접근성도 좋다. 또 귀인·평촌·범계중학교 학군과 경기 단일 최대학원가가 있어 많이들 선호하는 곳이다. 안양이 평촌과 평촌 그 외로 나뉠 정도로 평촌의 인기는 대단하다.

학군으로 유명한 평촌신도시

## 경기도 최대 단일 학원가가 위치한 평촌

출처: 갓서블

평촌 학원가는 범계역 로데오거리 상권과 거리가 떨어져 있어 유흥상권 없이 학원으로만 가득하다. 이 지역 교차로를 '학원가사거리'로 명명할 정도다. 의왕, 군포, 과천의 학생들도 평촌 학원가에 온다. 평남을 중학교 학군으로 나누면 귀인중학교 학군인 귀인마을과 꿈마을, 평촌중학교 학군인 향촌마을과 초원마을, 범계중학교 학군인 목련마을, 신기중학교 학군인 무궁화마을로 나눌 수 있다.

목련마을은 학원가와 가깝고 범계역의 교통과 상업 인프라를 누릴 수 있다. 무궁화마을도 학원가 바로 옆이다. 향촌마을은 앞뒤로 중앙공원과 학원가가 있다. 귀인마을은 학원가, 평촌먹거리촌과 맞닿아있다. 초원마을은 평촌역이 가까워 교통이 좋다. 꿈마을은 중대평 평형구성이면서도 인덕원동탄선 안양농수산물시장역이 들어설 예정이라 교통 호재가 있다.

평북은 교육환경이 평남에 비해 좋지 않지만, 부흥초등학교-부흥중학교-부흥고등학교를 갈 수 있는 은하수마을과 관악마을이 있다. 최근에는 부흥중학교가 특목고 실적이 좋다. 샛별마을과 한가람마을 북쪽은 4호선 역과 거리가 멀어 교통이 불편했지만, 내비산교만 건너면 운동장사거리에 월곶판교선이 개통할 예정으로 곧 역세권이 된다. 판교 같은 주요 일자리를 환승 없이 갈 수 있어 입지 가치가 높아졌다.

평북에는 안양시청, 안양과천교육지원청, 안양소방서, 수원지방법원 안양지원, 수원지방검찰청 안양지청 등의 행정기관과 안양메가밸리가 위치해 일자리가 많다. 앞서 말했듯이 평남에는 신축이 없어 평북의 2016년식 평촌 더샵센트럴시티아파트(1,459세대)가 대장으로 꼽힌다. 2024년 1월 기준 평촌 더샵센트럴시티아파트 34평의 매매가는 12억 4,000만 원, 전세가는 7억 5,000만 원이다.

## 동안구인 듯, 만안구인 듯 비산동

비산동은 행정구역으로는 동안구지만, 위치적으로 동안구와 만안구를 잇는 중간 역할을 하고 있다. 서쪽의 안양천을 건너면 만안구의 대표동인 안양동이 나오기 때문이다. 비산동은 비봉산과 학의천으로 둘러싸인 배산임수 지형이다. 학의천 남쪽인 평촌의 샛별마을, 은하수마을, 관악마을이 비산동에 포함되어 있다. 학의천 북쪽과 비봉산 아래로 비산동의 주거지역이 있다. 비산동의 안양

많은 변화가 일어나고 있는 학의천 북쪽 비산동

많은 변화가 일어나고 있는 학의천 북쪽 비산동

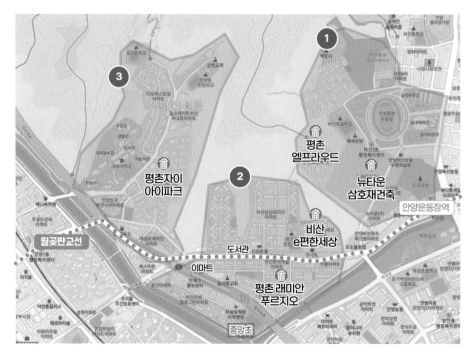

종합운동장 주변은 재개발과 재건축이 진행 중이고, 월곶판교선이 들어설 예정으로 변화의 바람이 일고 있다.

비산동의 아파트는 평촌더샵아이파크아파트, 평촌더샵더퍼스트아파트, 평촌어바인퍼스트아파트 등의 평남에 위치한 호계동의 대단지 신축단지들과 비교할 수 있다. 비슷하게 '평촌'이라고 이름을 붙인 대단지 브랜드 신축이 들어서고 있고, 두 곳 다 교통 호재가 있기 때문이다. 호계동은 평촌 학원가가 가깝고 인덕원동탄선 호재가 있다. 두 곳 다 장단점이 있어 시세는 비슷하다.

학의천 북쪽 부분의 비산동을 크게 3권역으로 나눌 수 있다. 월곳판교선이 들어오는 1권역의 시세가 가장 높아질 것이다. 월곳판교선 4개 정거장이면 양질의 일자리가 많은 판교를 10분대로 갈 수 있다. 특히 1권역의 대표 아파트는 2027년에 입주 예정인 뉴타운맨션삼호아파트(자이더퍼스니티아파트)가 될 것으로 예상한다. 역세권에 2,723세대 규모의 대단지 신축이다. 또 인근에 2024년에 입주하는 2,739세대의 평촌엘프라우드아파트가 들어서며 5,462세대 규모의 신축 주거 벨트가 형성이 된다. 인덕원동탄선보다 월곳판교선이 더 굵직한 노선이기에 평남쪽의 호계동보다 비산동의 1권역이 조금 더 높은 시세를 형성할 거라 예상된다.

2권역은 평촌래미안푸르지오아파트가 이마트, 도서관 등의 인프라와 가깝고 지어진 지 얼마 안 되어 상품성이 높은 대표 아파트이다. 2021년에 입주한 비산동 평촌래미안푸르지오아파트(1,199세대)의 2024년 1월 기준 34평 매매가는 11억 7,000만 원, 전세가는 6억 4,000만 원이다. 대단지 신축인 평촌 자이아이파크아파트(2,737세대)와 같은 해에 입주했다. 비산e편한세상아파트도 2008년식 구축이지만 월판선 역세권에 편입되니 관심을 가지면 좋다.

3권역은 역까지 거리가 애매하고 안쪽으로 들어올수록 점점 오르막이 가팔라진다. 초등학교와 중학교도 언덕 끝에 있어 지형이 아쉽다. 3권역의 대표 아파트는 2021년식 평촌자이아이파크아파트다. 2,737세대 규모 대단지로 입주하며 평촌래미안푸르지오아파트와 비슷한 시세를 형성했다.

# 만안구의 중심, 안양동

안양동은 만안구청, 안양세무서, 안양만안경찰서 등의 관공서가 밀집되어 있고, 명학역 주변으로는 공업지역에 제조업체들이 많은 게 특징이다. 구도심은 노후화된 주택, 빌라들이 혼재해 거주 환경이 평촌신도시에 비해 좋지 않다.

하지만 안양동에는 평촌신도시보다 좋은 자연환경이 있다. 관악산의 안양예술공원이나 수리산 유원지는 주말에 많은 사람들이 찾는 지역 명소다. 또 안양역에 월곶판교선이 들어서고, 주변 재개발이 진행되면서 크게 변화하고 있다.

안양동은 3개 권역으로 나눌 수 있다. 1권역의 대표 아파트는 2016년식 래미안안양메가트리아아파트(4,234세대)다. 2024년 1월 기준 34평 매매가는 8억 2,000만 원, 전세가는 5억 원에 형성되고 있다. 대단지에 초등학교를 품고 있어 역과 거리가 멀지만 안양동의 대표 아파트로 자리를 잡았다. 바로 옆에 진흥아파트를 재건축해 2,736세대의 안양역푸르지오더샵아파트가 2024년 입주한다. 세대 수가 래미안안양메가트리아아파트보다 작지만 1호선 안양역과 월곶판교선과도 가까워 만안구의 대표 아파트가 될 것이다.

2권역의 대표 아파트는 안양어반포레자연앤e편한세상아파트다. 2025년에 2,329세대가 입주 예정으로 옆에 있는 2021년의 1,394세대의 안양씨엘포레자이아파트와 시너지를 낼 것으로 기대가 된다. 안양어반포레자연앤e편한세상아파트는 오르막에 위치해 있어 지형적으로는 아쉽지만 월곶판교선을 도보로 이용 가능한

## 도약을 준비 중인 안양동

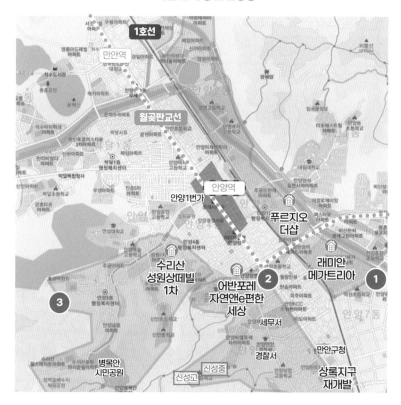

것과 명문 신성고등학교가 주변에 있다는 장점이 있다. GS건설의 1,713세대 규모 상록지구주택재개발정비사업도 진행 중으로 철거를 앞두고 있다. 환경이 주거지로 선호도가 높지 않지만, 1호선 명학역에 가깝고 대규모 신축 아파트라서 관심을 가질 만하다.

3권역은 구축 아파트가 많고 변화가 없는 정적인 곳이다. 수리산을 품고 있어 숲세권이다. 또 병목안시민공원은 캠핑장, 어린이

놀이시설이 있고 수리산 트레킹 코스가 연계되어 있어 인근 수도권 주민의 피크닉 명소로 각광받고 있다. 수리산성원상떼빌1차아파트는 가성비 주거지이면서도 월곶판교선인 안양역의 수혜를 받을 수 있는 장점이 있다.

갓서블의
안양 ONE PICK!

| | ONE PICK | 특징 |
|---|---|---|
| 학군지 | 동안구 귀인마을 현대홈타운아파트 | 안양에서 가장 명문인 귀인중학교, 평촌학원가와 근접한 양호한 연식(2002년식)의 아파트 |
| 변화 많은 곳 | 동안구 비산동 뉴타운맨션 삼호아파트재건축개발지구 | 월곶판교선이 개통하고, 신축 아파트가 들어서면 미래 가치가 수직상승할 지역 |
| 실거주 | 동안구 평촌더샵센트럴시티아파트 | 평촌 내에서는 희소성 있는 브랜드 신축 |

# 의왕,
# 교통 요충지로 안양을 넘보다

| | |
|---|---|
| 인구 | 총 15만 7,994명(6만 969세대) |
| 지하철 노선 | 1호선, 인덕원동탄선(공사 중) |
| 평당가 | 2,091만 원(2024년 1월 기준) |
| 평균 소득 | 4,381만 원 |
| **특징** | **개발제한구역이 88%인 조용하고 차분한 도시** |
| **대장 아파트** | **인덕원푸르지오엘센트로아파트** |

　의왕시는 남북으로 길게 뻗어 있고, 대략 88% 정도가 개발제한구역으로 생활권이 분절되어 있다. 의왕은 안양과 군포처럼 제조업 기반의 도시이고, 주요 일자리는 의왕테크노파크와 의왕ICD터미널에 모여 있다. 그간 의왕은 지하철이 1호선 밖에 없어 교통이 열악했다. 그러나 곧 의왕에 인덕원동탄선 역이 4곳이나 생긴다. 의왕시청역, 오전역, 호계사거리역, 안양농수산시장 역이다.

　또 주목할 것은 GTX-C가 의왕역으로 확정됨에 따라 주변 개발 압력이 높아졌다는 점이다. 아직까지는 의왕역 주변을 주거지로 선호하지 않지만, 변화의 물결이 일고 있다. 의왕역 주변에는 노후

## 의왕 한 장 지도

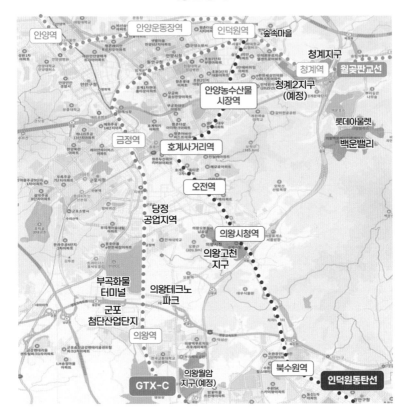

화된 빌라와 주택이 많은데, GTX-C의 영향으로 소규모 정비사업과 재개발이 추진되고 있다. 인덕원동탄선 역을 따라서도 여러 재개발구역이 계획되어 있다. 신규 택지지구인 의왕고천공공주택지구도 있다. 교통망과 상품성 확보로 의왕의 입지 가치는 점점 높아지고 있다.

생활권은 크게 북의왕(포일동, 내손동, 청계동), 중의왕(고천동, 오전동), 남의왕(의왕역 주변 부곡동) 3곳으로 나뉜다. 이 중 가장 높은 시세를 형성하는 곳은 인덕원역 근처에 있는 북의왕 포일동이다. 포일동은 평촌과 붙어 있고 기존 4호선에 더해 3개의 노선(인덕원동탄선, 월곶판교선, GTX-C)이 신설되며 앞으로 쿼드러플 역세권이 될 지역이다.

인덕원역 근처 북의왕의 숲속마을과 의왕청계지구도 역과 거리는 있지만 나름 생활 인프라를 갖추고 있어 실거주 수요가 탄탄하다. 청계지구 앞에는 월곶판교선인 청계역이 생긴다. 의왕청계2공공주택지구도 주거지 공급이 예정되어 있다.

## 인덕원역의 후광을 받는 포일동, 내손동

인덕원은 동명의 조선시대 공무 여행자들의 숙박시설 '원'에서 유래했다. 인덕원 주변은 조선시대부터 교통의 요충지로 많은 사람들이 왕래했던 곳인데, 그 명맥이 지금까지 이어져 쿼드러플 역세권이 될 전망이다. 앞으로도 교통의 허브 역할을 할 것이다. 인덕원역 동쪽에 위치한 의왕시는 3개 권역으로 나눌 수 있다.

1권역의 포일동과 내손동은 북의왕에 속한 같은 생활권으로 볼 수 있다. 포일동에 있는 인덕원역 도보권이고 대단지 브랜드 신축인 인덕원푸르지오엘센트로아파트가 의왕의 대장으로 꼽힌다. 인덕원푸르지오엘센트로아파트는 2019년 11월에 입주했고 1,774세대 규모의 대단지 브랜드 아파트다. 2024년 1월 기준 매매가는 11

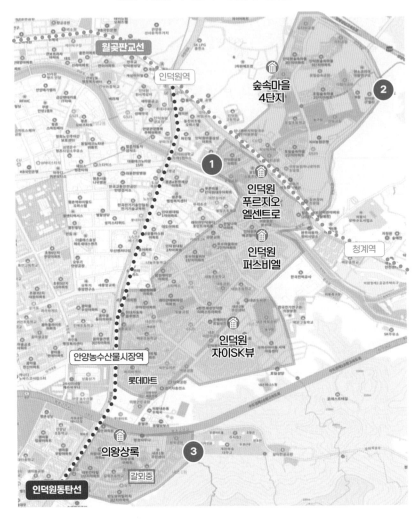

억 9,000만 원, 전세가는 6억 2,000만 원이다.

인덕원푸르지오엘센트라아파트의 최고가는 16억 원이다. 최고

앞으로 3곳의 역이 더 들어올 인덕원사거리 전경

가 기준, 안양시 평촌보다 높은 실거래가를 기록해 많은 사람이 놀랐다. 가격이 한창 떨어지던 시기에는 다른 곳들이 30% 하락할 때, 이곳은 40% 가까이 하락했다. 교통 호재로 다른 곳보다 과하게 오른 감이 있었다는 반증이다. 앞서 언급했듯이 인덕원역에 인덕원동탄선과 월곶판교선을 공사 중이고, 향후 GTX-C노선까지 들어오면 쿼드러플 역세권이 된다. 교통 호재가 있는 곳은 상승기 때 거품이 조금 더 끼기도 하니 주의할 필요가 있다.

또 내손동 소재 아파트는 평촌보다 15년 이상 신축이고 브랜드가 좋아 상품성을 우선순위에 두는 실거주자가 선호하는 곳이다. 재개발로 인덕원퍼스비엘아파트, 인덕원자이SK뷰아파트 등 대단지 신축이 들어서며, 평촌과 비교했을 때 더 우수한 상품 경쟁력을 뽐내고 있다. 다만 비역세권이라 교통이 불편한데, 인덕원동탄선인 안양농수산물시장역이 들어와 교통의 요충지인 인덕원역을 갈 수 있게 되었다.

포일동과 내손동은 초·중·고등학교가 들어오며 교육환경이 점차 좋아지고 있다. 특히 내손동은 초등학교가 내손초등학교·백운초등학교·내동초등학교로 3곳이나 있는데 지척에 중·고등학교가 없어 아쉬웠었다. 하지만 앞으로 국내 최초로 중·고등학교 통합인 미래형 통합학교가 들어올 예정이라 거주민들의 기대가 크다. 또 평촌 학원가가 가까운 것이 장점으로 작용하고 있다.

2권역은 청계산 자락에 있는 숲속마을이다. 인덕원역에서 마을버스로 이동할 수 있고, 오르막이지만 마을 이름처럼 공원, 산책로가 잘되어 있다. 숲속마을은 비슷한 생활권의 안양의 동편마을과 자주 비교가 되는 곳이다. 안양의 동편마을은 도서관, 동편마을 카페거리 등의 인프라가 양호하다. 또 의왕인 인덕원보다는 안양 행정구역에 속한 아파트를 더 선호하는 경향이 있다. 게다가 앞으로 개통할 4호선 과천지식정보타운역과도 가깝다. 그래서 숲속마을보다는 안양의 동편마을이 선호도가 높다. 2권역에서는 인덕원숲속마을4단지아파트를 대표 아파트로 볼 수 있다. 주변에는 대규모 지식산업센터가 있어 파생될 일자리도 눈여겨볼 만하다.

3권역은 갈뫼지구다. 수도권제1순환고속도로가 고가도로로 지나가며 권역을 나누고 있다. 2002년 입주한 의왕상록아파트(447세대)가 대표 아파트로 꼽힌다. 갈뫼지구에는 갈뫼초·갈뫼중학교가 있다. 갈뫼중학교는 의왕에서 특목고 진학자 수가 가장 많고, 평촌 학원가도 비교적 가까워서 안양의 샘마을과 함께 가성비 학군지로 꼽히는 곳이다. 다만 남쪽으로는 모락산으로, 북쪽으로는 고가도로, 서쪽으로는 흥안대로로 막힌 지형이라 확장성이 없어 아쉽다.

## 인덕원동탄선이 들어오는 오전동, 고천동

고천동과 오전동은 중의왕에 속한다. 오전동은 군포산업단지 옆에 있다. 모락산 아래에 위치해 경수대로에서 모락산 쪽으로 갈수록 오르막이 가팔라지는 지형이다. 군포산업단지는 1970~1980년대 경제성장의 일익을 담당했던 공업지역으로 현재는 쇠퇴해서 주거지로 썩 반갑지 않은 곳이다. 다행히도 공업지역 활성화 시범사업 지역으로 지정되며 첨단산업단지로의 변화를 꾀하고 있고, 인덕원동탄선이 들어오면서 교통도 좋아지고 있다.

1권역은 고천역 서쪽에 위치한 고천동이다. 동탄에서 시작한 인덕원동탄선이 북수원을 지나 의왕의 시작점인 고천역으로 들어온다. 고천역을 통해 인덕원역에서 환승할 수 있어 고천동의 서울 접근성이 좋아질 예정이다. 또 의왕시청, 의왕경찰서, 의왕소방서, 의왕시보건소 등의 공공기관과 함께 약 4,600세대 규모의 의왕고천공공주택지구가 들어서고 있다. 교통 호재와 재개발, 공공주택지구 조성으로 주거환경이 좋아지고 있어 크게 관심 받지 못했던 고천동이 날로 떠오르고 있다.

2권역은 오전역 주변이다. 대표 아파트는 2021년식 의왕더샵캐

## 교통 호재가 있는 오전동, 고천동 부근

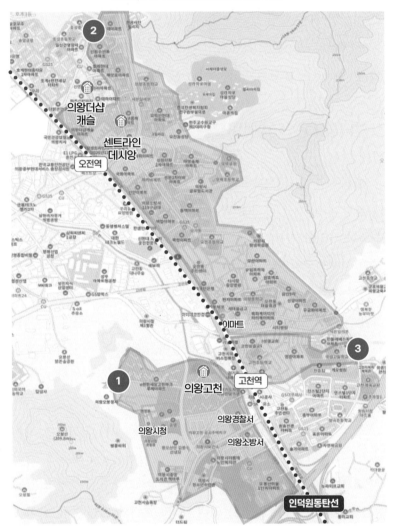

슬아파트(941세대)고, 2024년 1월 기준 34평 매매가는 8억 5,000만 원, 전세가는 5억 원이다. 2026년에 오전나구역을 재개발한 의왕센

트라인데시앙아파트도 입주하면 역이 더 가깝고 신축이라 왕관을 이어받을 것이다.

3권역은 도로도 꼬불꼬불하고 노후화된 주택과 빌라가 난립해 주거지로 관심 받는 곳은 아니다. 하지만 고천가·나구역, 오전다·라구역 재개발을 통해 약 6,500세대의 신축이 들어설 예정이다. 의왕고천공공주택지구와 합하면 경수대로 주변으로 약 1만 세대 규모의 신축이 들어온다.

정리하면 중의왕 고천동과 오전동은 앞으로 지켜봐도 좋은 곳이다. 입지의 요소인 교통과 주거환경이 긍정적인 방향으로 계속 변화하고 있다. 인덕원동탄선이 평촌동과 호계동을 지나 인덕원역까지 이어지면서, 안양과 의왕의 시세가 철도망을 따라 밀접하게 연동될 수밖에 없기 때문이다.

## 자연친화적인 학의동 백운밸리

백운호수 남동쪽에 위치한 학의동에는 도시개발사업의 일환으로 백운지식문화밸리(백운밸리)가 조성되었다. 개발제한구역이었고, 의왕바라산자연휴양림이 있을 정도로 외진 곳에 있다. 실제로 지하철을 이용하려면 인덕원역까지 버스를 타야 하고, 그 도로도 왕복 2차선으로 좁은 편이다. 그러나 주변에 청계IC, 학의JC가 있다. 자가용 차량으로 수도권제1순환고속도로, 봉담과천로, 안양판교로 등의 진입이 쉽기 때문에, 강남권과 판교의 일자리까지 20분 전후

## 수려한 자연환경을 자랑하는 백운밸리

로 갈 수 있는 장점이 있다.

또한 무엇보다 백운밸리는 백운호수에서 갈라진 천이 주거지로 흘러들어 자연환경이 수려한 곳이다. 거기에 롯데프리미엄아울렛 타임빌라스가 2021년 9월 개장해 도보로 상업 인프라를 이용할 수 있다.

백운밸리의 아파트는 연식이 2019년으로 동일하고 브랜드도 같은 단지들이 많다. 이 중 의왕백운해링턴플레이스1단지아파트가 가장 큰 대단지고, 바로 앞에 초등학교가 있어 대표로 꼽힌다. 이런 소규모 택지지구의 단점은 중·고등학교가 주변에 없는 것이다. 그래서 자녀의 중·고등학교 진학을 고려해야 할 시기가 되면 수요가 빠져나갈 가능성이 있다.

**갓서블의 의왕 ONE PICK!**

|  | ONE PICK | 특징 |
|---|---|---|
| 학군지 | 내손동 의왕상록아파트 | 갈뫼초와 의왕 최고의 중학교인 갈뫼중을 품고 있는 평촌 학원가 도보권 아파트 |
| 변화 많은 곳 | 고천동 고천나구역주택재개발지구 | 인덕원동탄선 호재와 더불어 1,913세대의 브랜드 아파트가 들어설 초품아 지구 |
| 실거주 | 포일동 인덕원푸르지오엘센트로아파트 | 학의천 산책로가 있고, 인덕원역 도보권으로 양호한 인프라를 누릴 수 있는 아파트 |

# 군포,
# 서울 접근성 좋은 1기 신도시

| | |
|---|---|
| 인구 | 총 26만 3,025명(11만 3,000세대) |
| 지하철 노선 | 4호선 |
| 평당가 | 1,724만 원(2024년 1월 기준) |
| 평균 소득 | 3,974만 원 |
| **특징** | **신축 아파트가 매우 부족함** |
| **대장 아파트** | **래미안하이어스아파트** |

　군포는 의왕과 비슷하게 노후화된 당정동 공업지역, 군포복합 물류센터, 군포첨단산업단지 등 공업지역이 분포해 아쉬운 면이 있다. 하지만 군포에서 가장 주거단지가 밀집한 1기 신도시 산본은 4호선을 통하면 강남역까지 44분 만에 갈 수 있어 일자리 접근성이 좋다는 장점이 있다. 산본신도시 근방에는 4호선 금정역과 산본역, 수리산역이 있다. 산본역 주변은 하루 16만 명의 유동 인구가 다닐 정도로 상권이 활발하다. 산본신도시는 또 소형 평형도 많아서 젊은 직장인과 신혼부부의 수요가 탄탄하다.

　또 산본신도시는 안양시 평촌에서 자녀를 교육하기 부담스러운

# 군포 한 장 지도

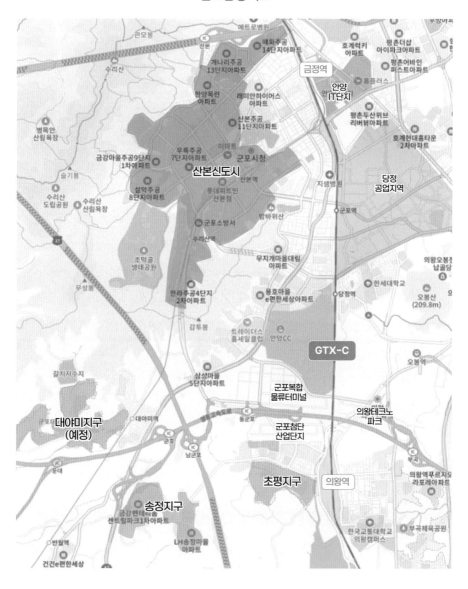

수요층이 찾는 곳이다. 역 근처에 학원가도 잘 갖췄고, 궁내중학교의 특목고 진학률은 평촌 내 중학교에 버금갈 정도로 교육환경이 좋은 편이다. GTX-C가 들어오는 금정역 주변에 산본1동 1지구·2지구, 금정역 역세권 일대의 재개발구역들이 있다. 아직은 진행 속도가 빠르지 않지만 산본천 복원 사업과 맞물려서 함께 재개발되고 있기 때문에, 추후 군포시의 대장 아파트의 왕관을 이어받을 것이다.

산본신도시가 부담스러운 수요층은 당정역 왼쪽에 있는 주거단지도 고려해 볼 만하다. 1호선 역세권이고 당정근린공원, 학원가, 상권이 있어 작은 산본신도시 느낌이 드는 곳이다. 군포시는 타 도시에 비해 유난히 신축 아파트 공급이 적었는데, 외곽이지만 군포IC 남쪽으로 송정지구가 생겼다. 송정지구는 2018~2019년에 지어져 군포에서 보기 힘든 신규 택지지구여서 신축에 대한 수요를 일부 채워준 곳이다. 또 안산시와 접해 있는 대야미역 주변으로 약 5,000세대의 대야미지구가 조성 중이다. 송정지구보다 지하철 접근성이 좋고, 유치원·초등학교·중학교 부지가 있다. 대야미지구는 갈치저수지, 반월호수의 자연환경이 수려한 점이 특징이다.


## 서울 접근성 좋은 가성비 1기 신도시 산본

산본신도시는 1992년부터 입주가 시작됐다. 420만㎡ 면적에 4만 2,000세대가 거주하고 있고, 1기 신도시 중에서는 규모가 가장

## 4호선이 지나는 산본신도시 권역

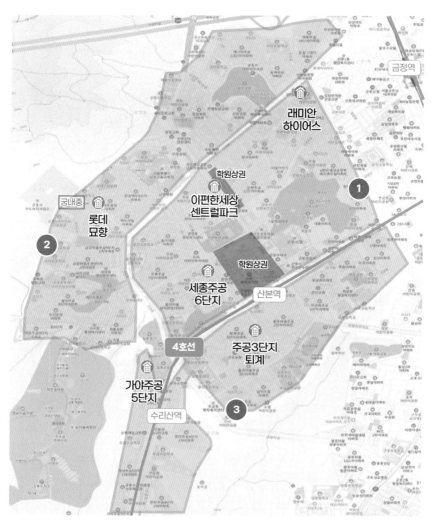

작지만 서울 접근성이 좋아 다른 신도시에 비해 가성비가 좋다. 또
한 금정역에 GTX-C가 들어올 예정인데 삼성역을 지나 청량리-창

유동인구가 많은 산본역 로데오거리

출처: 갓서블

동역까지 이어져 서울 강북지역까지도 이동이 쉬워진다.

산본역 로데오거리는 유흥상권과 학원가가 섞여 있어 교육환경이 좋은 편은 아니다. 지도를 보면 산본역 남쪽인 3권역보다 북쪽의 1·2권역이 학원가, 이마트, 도서관, 병원 등 인프라가 좋고 주거단지가 더 크기에 거주환경이 더 좋다.

1권역의 대표 아파트는 산본신도시 옆에 있는 2010년식 산본동 래미안하이어스아파트(2,644세대)다. 2024년 1월 기준 34평 매매가는 9억 원, 전세가는 5억 3,000만 원이다. GTX-C가 들어오는 금정역까지 10분 정도 걸리는 역세권이다. 금정역 주변 재개발 소식, 산본천 복원과 맞물려서 변화가 많은 곳이다.

1기 신도시라 연식이 30년 가까이 되지만, 산본신도시의 이편한세상센트럴파크아파트는 2002년식이다. 아파트 앞에 산본로 학원가, 상업시설, 도서관, 중앙공원 등 좋은 인프라가 갖춰져 있으면서 시끌벅적한 로데오거리와는 적당히 떨어져 있어 주거지로 인기가 높다.

2권역은 역으로부터 거리가 멀어질수록 경사가 있지만, 산본신도시에서 명문 학교로 손꼽히는 궁내중학교가 있어서 롯데묘향아파트 등 주변 아파트 선호도가 높은 편이다. 3권역의 주공3단지 퇴계아파트와 가야주공5단지아파트는 인프라가 부족하지만 역세권이라 관심을 가질 만하다.

산본신도시는 평촌에 비해 학군지로서 조금 약하기에 좀 더 심화된 교육을 하고 싶거나, 교육열이 높은 학부모는 안양시 평촌으로 학원가를 보내거나 이사를 고려하는 경우가 많다. 이 점이 안정된 수요를 확보하기에는 다소 아쉬운 한계점이라 할 수 있다.

## 작은 산본신도시인 당동과 당정동

당정역을 기준으로 왼쪽은 당동, 오른쪽은 당정동이다. 당동에 있는 1권역을 가장 선호한다. 1권역은 1호선인 당정역을 5분이면 갈 수 있는 역세권이다. 당정근린공원이 있어 쾌적하고 근거리에 초·중·고등학교가 있다. 학원가와 상권도 잘 갖춰져 있다. 또 금당터널을 지나면 산본신도시로 이어져 작은 산본신도시라 할 수 있다. 당동주공아파트는 소형·중소형 평형 구성이지만, 쌍용아파트는 중대형 평형도 있어 당동에서 신혼시기부터 중·고등학생 자녀 교육기, 노년기까지의 한 생애를 아울러 보낼 수 있는 곳이다.

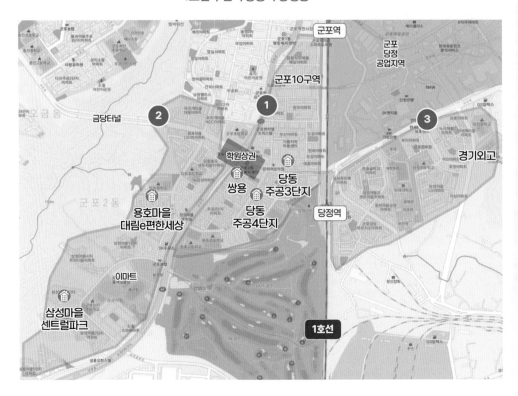

군포역 주변은 아직 주거환경이 열악하다. 하지만 도시환경 정비사업으로 군포역 주변의 군포10구역에 주상복합 건설이 추진 중이다. 군포시에는 신축이 희소하기에 신축을 원하는 배후 수요가 풍부하다는 점에서 긍정적이다. 또한 한 정거장만 올라가면 금정역에서 4호선과 GTX-C노선을 이용할 수 있는 위치여서 관심 가질 만하다.

2권역은 서쪽으로 갈수록 오르막이고 역과 멀어진다. 하지만

2005년식의 용호마을 대림e편한세상아파트와 2014년식의 부곡동 삼성마을센트럴파크아파트같이 상품성이 좋은 브랜드 아파트가 있다. 또 이마트 트레이더스홀세일클럽군포점, 군포도시공사 국민 체육센터 등 좋은 인프라가 있어 선호 주거지다. 3권역은 역과는 가깝지만 준공업지역과 북쪽 방향으로 마주보고 있고, 도로 정비 가 안 되어 있어 주거환경으로는 아쉬운 점이 있다.

### ☆ 갓서블의 군포 ONE PICK!

| | ONE PICK | 특징 |
|---|---|---|
| 학군지 | 산본동 롯데묘향아파트 | 군포 명문 궁내중학교에 배정받을 수 있는 '궁내초'품아 |
| 변화 많은 곳 | 금정역 역세권 일대 | 1호선, 4호선 환승역이며 추후 GTX-C 노선이 곧 신설됨. 산본천 복원, 주변 재개발로 주거환경이 개선될 예정 |
| 실거주 | 산본동 래미안하이어스아파트 | 군포에서 희소한 브랜드 준신축, 산본신도시의 인프라를 이용 가능한 금정역 도보권 아파트 |

# 광명,
# 02 지역번호 쓰는 밝고 환한 곳

| 인구 | 총 28만 129명(11만 5,000세대) |
|---|---|
| 지하철 노선 | 7호선, 1호선 지선, 신안산선(공사 중), 월곶판교선(공사 중) |
| 평당가 | 2,485만 원(2024년 1월 기준) |
| 평균 소득 | 4,144만 원 |
| **특징** | **경기도에서 서울 3대 업무지구로 접근성이 가장 좋은 곳** |
| **대장 아파트** | **철산역롯데캐슬&SK VIEW클래스티지아파트** |

광명은 자체 일자리가 많지는 않지만 경기도에서 서울 3대 업무
지구에 접근하기 가장 좋은 곳이다. 광명에서 안양천만 건너면 14
만 명의 일자리가 있는 구로·가산디지털단지가 있고, 7호선 철산역
기준 강남까지 37분, 여의도까지 31분, 광화문까지 40분, 마곡까지
38분이면 갈 수 있다. 지리적 위치가 좋아 '준 서울권'으로 불리는
곳이고 지역번호도 02를 쓰고 있다.

교육열도 뜨겁다. 광명에서 가장 선호도가 높은 곳은 철산동이
다. 양천구 목동 학원가도 차로 15분이면 갈 수 있어 맹모들이 많
이 찾는다. 명문 철산중학교와 진성고등학교, 광명북고등학교가

## 광명 한 장 지도

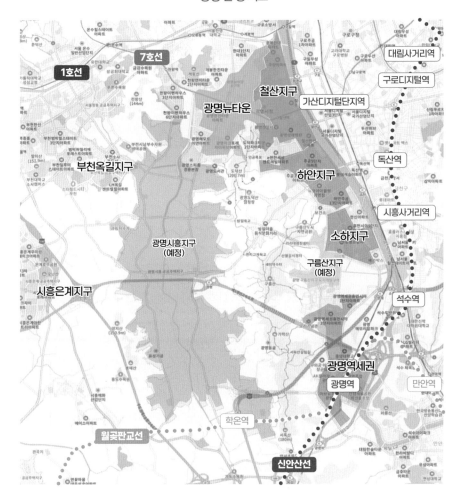

있고, 안양천 등의 자연환경이 좋다. 상업시설이 많고 7호선이 지나며, 위치도 서울 금천구와 접해 있다.

철산동 왼쪽은 광명뉴타운으로 거듭나는 광명동이다. 경기도에

서 가장 큰 뉴타운으로 타 지역 사람들도 관심이 많다. 1989~1990
년 철산동 아래의 하안동에는 총 2만 가구가 넘는 13개 하안주공아
파트단지가 들어왔다. 학원가와 상업시설이 밀집한 하안사거리 주
변으로 항아리 상권이 활성화되어 있어서 거주환경이 좋다. 단점
은 주변에 지하철이 없어 교통이 불편하고, 아직 재건축이 초기 단
계라는 점이다.

소하동은 2010년 전후로 입주해 상대적으로 상품성이 좋은 곳
이다. 이마트 등의 상업시설과 초·중·고등학교가 밀집되어 있어 교
통이 불편한 점 빼고는 주거환경이 나름 괜찮다. 소하천과 안양천
이 있어 자연환경도 양호하다.

최근 광명의 외곽에서 중심으로 인정받고 있는 일직동 일대가
광명역세권이다. 광명역세권에는 이케아와 코스트코 등의 대형 유
통시설이 있고, 기존 KTX 광명역에 월곶판교선과 신안산선이 들
어오는 교통 호재도 있어 기대가 크다.

광명 구름산지구도시개발구역에 약 5,000세대, 광명 시흥지구
안의 광명시흥테크노밸리에 약 4,300세대 입주가 예정되어 있으니
이곳도 주목할 만하다. 특히 광명에는 일자리가 부족한데, 광명시
흥테크노밸리에 약 9만 9,000개의 일자리가 생길 전망이다. 광명은
이름 그대로 앞으로 더 밝게 빛날 지역이다.

## 교육과 행정의 중심지 철산동

철산동은 현충근린공원, 광덕산근린공원, 안양천을 도보로 접근할 수 있어 자연환경이 좋다. 그리고 가산디지털단지로 가는 도로 철산로가 정체구간인데 도보로도 가산디지털단지 일자리로 갈 수 있는 장점이 있다. 7호선 철산역을 중심으로 북쪽에 광명시청, 광명시의회, 수원지방법원 안산지원 광명시법원, 경기광명경찰서, 광명세무서, 광명시민회관 등의 공공기관이 몰려있는 행정 중심지이기도 하다.

철산역 남쪽에는 철산로데오거리 상권이 있다. 큰 도로 면에 학원가가 많고 안쪽으로 들어오면 상업, 유흥시설이 많은 편이다. 철산동의 대표 아파트는 철산주공7단지를 재건축한 2022년식 철산역롯데캐슬&SKVIEW클래스티지아파트(1,313세대)고, 2024년 1월 기준 34평 매매가 12억 3,000만 원, 전세가 8억 2,000만 원에 거래되고 있다. 현재는 광명을 대표하는 아파트지만 앞으로 철산주공 12·13단지가 재건축되면 왕관을 넘겨줄 것이다.

철산역 주변의 철산주공아파트단지는 1980년 초반부터 입주를 시작했다. 철산동에는 비슷한 2009~2010년도 건축에 위치도 비슷해 '철산 구축 4대 천왕'이라 불리는 곳이 있다. 바로 철산역 남쪽의 철산푸르지오하늘채아파트, 철산래미안자이아파트, 광명두산위브트레지움아파트, 광명 e편한세상센트레빌아파트다.

철산푸르지오하늘채아파트는 철산주공2단지아파트를, 철산래미안자이아파트는 철산주공3단지아파트를 재건축한 것이다. 철산

## 인기 노선인 7호선이 있는 철산동

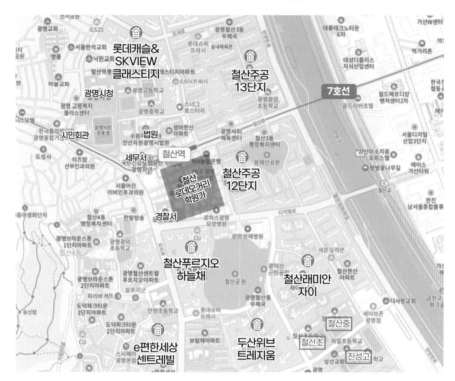

## 화려한 철산역 상권

역을 기준으로 보면 푸르지오하늘채아파트가 가장 비쌀 것 같지만 철산래미안자이아파트가 가장 비싸다. 단순히 역과의 거리로 아파트의 가격이 매겨지지 않는다. 학군, 아파트의 상품성, 지형 등을 종합적으로 고려해서 가치를 평가해야 한다.

예를 들어 가장 가격이 높은 철산래미안자이아파트는 광명에서 가장 선호하는 철산초·철산중학교 학군이고, 역과의 무난한 거리를 갖춘 2,072세대의 대단지 브랜드 아파트다. 두 번째로 가격이 높은 곳은 푸르지오하늘채아파트인데 역과 거리가 가장 가깝다. 단지와 연결된 광덕산 근린공원이 있고, 철산중학교로 배정된다는 것이 장점이다. 세 번째는 광명두산위브트레지움아파트인데 철산초·철산중학교가 가깝고 건폐율이 12%로 가장 낮아 단지 내부를 걸어보면 쾌적하다. 마지막 네 번째인 광명e편한세상센트레빌아파트는 역과 가장 거리가 멀고 경사가 있으며 중학교 배정이 하안북중학교여서 가장 낮은 시세를 형성하고 있다.

철산동에는 2025~2026년에도 신축 주거단지가 입주 대기 중이다. 철산동은 원래도 학군, 자연환경, 교통, 생활 인프라, 좋은 서울 접근성으로 가장 선호하는 주거지였다. 점차 재건축이 진행되면서 상품성이 업그레이드되며 그 수요는 높아질 것이다.

## 경기 최대 규모 광명뉴타운

광명뉴타운은 철산동 왼쪽의 광명동에 위치해 있다. 광명동은 광명시 초기 단계에 조성되다 보니 노후화된 빌라, 주택들이 많았다. 또 광명동은 광명에서 외국인이 가장 많이 거주해 그리 선호도가 높지 않았지만, 점차 올라가고 있다. 광명동에는 7호선 광명역을 중심으로 광명 전통시장, 경륜경기장인 광명스피돔, 시민들의 휴식 공간으로 활용되는 도덕산공원이 있다.

광명사거리역 일대 114만㎡ 빌라촌이 2만 5,000가구의 새 아파트를 포함하는 광명뉴타운으로 탈바꿈한다. 광명뉴타운은 1기 신도시인 평촌의 대략 절반 정도의 규모로, 성남 구도심 재개발과 비교해 2배 이상 압도적으로 크다. 광명뉴타운 16구역을 재개발한 광명아크포레자이위브아파트는 2020년에 11월에 입주를 마쳤다. 광명뉴타운의 다른 구역도 2027년까지 입주가 예정되어 있다. 규모가 클수록 학교, 학원, 상업시설의 인프라가 더 많아져 주거지로 인기가 오르는 것을 고려하면 광명뉴타운의 가치는 더욱 상승할 전망이다.

시세를 이끌 곳은 광명사거리역과 철산역 역세권인 광명뉴타운 11·12구역이다. 이곳은 장단점이 있는데, 11구역은 평지지만 생활 인프라가 약하고, 12구역은 철산역 생활 인프라 이용이 가능하지만 건물이 지하 7층으로 지어질 정도로 경사가 심하다. 아무래도 평지이고 4,291세대의 대단지가 들어오는 11구역이 2,097세대 규모의 12구역보다 약간 입지 우위에 있다고 할 수 있다.

천지개벽하는 광명뉴타운

출처: 매일경제

광명뉴타운은 이렇다 할 학군과 특이점이 없어 7호선 역과의 거리에 따라 시세가 형성된다. 7호선과 멀어질수록 경사가 있는데, 광명사거리역 북쪽은 목감천 사이로 서울시 구로구 개봉동과 접해 있어 1호선 개봉역이 가까워진다. 다만 7호선 남쪽은 주거단지와 주택이 혼재해 있는데 반해, 7호선 북쪽은 아파트 주거벨트가 형성되어 쾌적하다는 것이 장점이다.

## 광명의 시세를 견인할 일직동

일직동에는 KTX 광명역이 있고, 서해안고속도로와 제2경인고속도로가 만나는 일직JC가 있어 서남권의 교통의 요충지로 꼽힌다. 2004년 4월 개통한 광명역은 당시 하루 이용객 수가 4,000여 명에 불과해 유령역이라는 오명이 있었다. 하지만 최근에는 하루 2만 5,000명 이상 이용할 정도로 유동 인구가 많아졌다. 광명역에는 스웨덴 가구 브랜드 이케아 1호점, 코스트코, AK플라자, 롯데몰, 700병상 규모의 중앙대학교 광명병원이 있다. KTX 광명역은 광명, 시흥, 부천 주민들이 찾는 막강한 인프라를 자랑한다.

광명에는 기아자동차 소하리 공장 말고는 이렇다 할 일자리가 없었다. 일직동에 광명국제디자인클러스터의 일환으로 연면적 약 26만㎡ 규모 GIDC 지식산업센터가 입주해 많은 회사들이 모여들고 있다. 광명역 오른쪽의 광명새빛공원과 안양새물공원은 악취를 풍기던 안양시공공하수처리시설을 지하로 보내고 그 위에 축구장 20배 면적에 달하는 공원을 만들어 운동과 휴식을 즐길 수 있는 공원을 만든 것이다.

일직동에는 광명역 주변에 5,000세대의 주거 타운이 형성됐다. 대형 유통시설과 생활 인프라가 서쪽에 집중되어, 2권역보다 1권역을 더 선호한다. 그래서인지 여기 새로 개통하는 신안산선의 출입구도 광명역 서쪽에 생긴다. 대표 아파트로는 2019년식 광명역U플래닛데시앙아파트(1,500세대)가 있고, 2024년 1월 기준 36평 매매가가 12억 5,000만 원, 전세가는 6억 원이다.

## 교통의 요충지인 광명 일직동

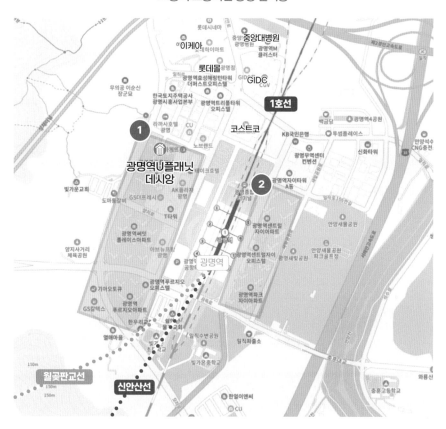

## 광명역U플래닛데시앙아파트의 스트리트몰 상가

일직동은 광명의 중심생활권인 철산동, 광명동과 떨어져 있어 외곽이라는 인식이 강했다. 또 광명역 1호선이 지선이라 배차간격이 길어 대중교통이 불편하다. 목동 학원가와 멀고, 선호하는 학군지가 아니어서 광명 엄마들 사이에서는 심리적으로 거리가 있는 지역인 게 사실이다.

하지만 신안산선과 월곶판교선 등 굵직굵직한 노선들이 개통을 준비하며, 여의도와 판교 접근성이 좋아지고 있다. 중앙대병원과 대형 유통시설을 이용하려면 광명역으로 와야 해서 일직동의 선호도는 점차 높아지고 있다. 일직동은 앞으로 광명의 시세를 견인할 가능성을 가진 유망한 입지다.

**갓서블의 광명 ONE PICK!**

| | ONE PICK | 특징 |
|---|---|---|
| 학군지 | 철산동 철산래미안자이아파트 | 광명에서 가장 선호하는 철산초-철산중-진성고를 품고 있는 브랜드 아파트 |
| 변화 많은 곳 | 광명동 광명뉴타운 11주택재개발구역 | 7호선 초역세권에 광명뉴타운으로 다시 태어날 재개발구역 |
| 실거주 | 일직동 광명역U플래닛데시앙아파트 | 이케아, 코스트코, AK플라자 없는 게 없다! 신안산선과 월곶판교선 호재도 있는 아파트 |

# 4

# 경기도
# 서부권역
# 입지분석

부천 ···· 김포 ···· 고양 ···· 시흥

김포    고양

부천

시흥

# 부천,
# 경기도 인구밀도 1위

| 인구 | 총 78만 4,273명(34만 4,000세대) |
|---|---|
| 지하철 노선 | 7호선, 1호선 |
| 평당가 | 1,735만 원(2024년 1월 기준) |
| 평균 소득 | 3,490만 원 |
| **특징** | **서울과 인천을 연결하는 도시** |
| **대장 아파트** | **중동센트럴파크푸르지오아파트** |

부천은 1호선 송내역과 중동역 주변이 중심지였는데, 2012년 10월 7호선이 온수역에서 부평구청역까지 연장되며 부천의 중심축이 7호선 주위로 옮겨갔다. 7호선으로 가산디지털단지, 강남까지 접근성이 좋아졌기 때문이다.

부천하면 떠오르는 곳은 1기 신도시인 중동이다. 다른 1기 신도시인 평촌, 산본, 일산, 분당이 그렇듯 관공서를 포함한 대부분의 일자리, 상점, 학교, 학원가 등이 몰려 있다. 다만 1993년부터 입주를 시작해 이제는 구축이 되어가면서 경쟁력을 점차 잃었다. 중동 신도시보다 10년 뒤쯤 입주한 상동은 상품성이 좀 더 좋고, 석천중

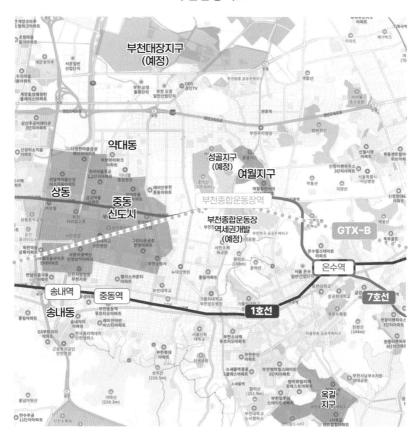

학교 등 학군이 좋아 젊은 사람들이 선호하는 곳이다.

중동·상동 북쪽의 약대동은 2012년 이후에 아파트가 들어서 상
품성이 좋고, 남쪽에 있는 송내동은 1호선 역세권이면서 상업 인프
라를 갖춘 것이 장점이다. 7호선과 멀지만 친환경 녹색도시를 표방
하는 부천옥길공공주택지구도 스타필드 같은 대형 유통시설을 갖

춰 주거환경이 좋다. 신축을 찾는 부천 시민들이 이곳으로 많이 옮겨갔다.

교통 호재로 주목받는 곳은 바로 소사역과 종합운동장역이다. 부천 소사~고양 대곡 구간의 서해선이 2023년 7월 개통해 소사역의 교통이 좋아졌다. 부천종합운동장에서 7호선, 김포공항역에서 5호선·9호선·공항철도·김포골드라인으로 환승이 가능하기 때문이다. 소사역은 기존 역세권 아파트들에 더해 주변 환경도 재개발로 좋아지고 있어, 부천의 인기 주거지로 거듭나고 있다.

부천종합운동장역에는 GTX-B노선과 GTX-D노선이 들어올 예정이다. 특히 GTX-B는 2030년 개통을 목표하고 있다. 기존의 7호선, 서해선에 GTX까지 신설되면 쿼드러플 역세권이 될 전망이다. 역세권인 기존 여월지구, 앞으로 들어설 부천종합운동장역세권복합개발지구와 성골지구도시개발구역도 관심을 가질 만하다.

부천은 인구가 78만 명으로 인구 밀도가 경기도에서 가장 높다. 행정구역이 2024년부터 원미구, 소사구, 오정구 3개구로 개편될 예정이다. 앞으로 3기 신도시인 부천대장지구가 조성된다면 앞으로 더 많은 사람들이 부천을 찾을 것이다.


# 1기 신도시 중동·상동

1기 신도시인 중동은 5.5㎢에 4만 1,000가구가 들어섰다. 1989년 택지개발 예정지구로 지정되었고, 1992년부터 입주를 시작했다.

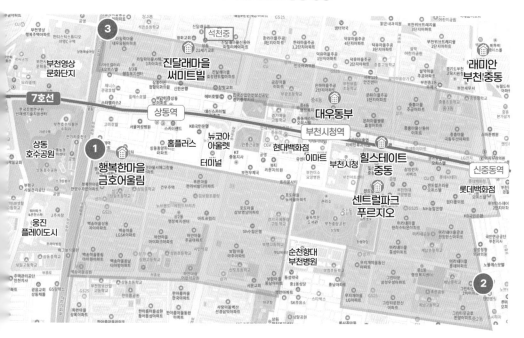

7호선 부천시청역, 신중동역 북쪽과 남쪽 주변으로 행정기관과 상
업시설이 몰려있다. 부천시청, 현대백화점 중동점, 이마트 부천점
이 부천시청역에 있고 롯데백화점 중동점, 원미경찰서가 신중동역
에 있다. 중동 남쪽에는 인천지방검찰청 부천지청과 인천지방법원
부천지원이 있다. 그리고 주민들이 산책하고 휴식하는 공간인 부
천중앙공원과 순천향대학교부속부천병원 등 필요한 인프라가 모
두 갖춰져 있다. 한번 들어온 주민들은 떠나지 않고 평형을 갈아타
며 오래 거주하고 그만큼 살기가 좋다.

중동·상동은 7호선이 지나가는 노선을 기준으로 북쪽보다 남쪽이 더 인기가 많다. 각종 인프라가 남쪽에 몰려 있으면서 주거 규모가 더 크고 평지이기 때문이다. 1기 신도시라 아파트의 상품성이 엇비슷해 7호선 역과의 거리에 따라 입지 서열이 판가름 난다.

1권역부터 살펴보자. 행복한마을금호어울림아파트는 초·중학교를 품고 있다. 북쪽에는 역이 있고, 인근의 학원가와 상권이 잘 되어 있어 대표 아파트로 꼽힌다. 육교를 통해 길을 건너면 호수공원이 있다. 아이들이 좋아하는 웅진플레이도시와 부천영상문화단지, 아인스월드 등 문화시설도 풍부해 다소 낡았다는 것 말고는 부족함이 없다.

2권역은 부천의 대장인 중동센트럴파크푸르지오아파트가 있다. 신중동역 북쪽의 2015년식 래미안부천중동아파트는 중동신도시에 없는 희소한 상품성과 역까지 양호한 거리를 갖춰 대표 아파트로 부상했다. 그러나 부천시청역 남쪽의 비어 있는 부지에 2022

**신축으로 희소성이 있는 중동센트럴파크푸르지오아파트**

년식 힐스테이트중동과 2020년식 중동센트럴파크푸르지오아파트가 입주하며 왕좌가 넘어갔다. 그중에서도 중앙공원 뷰를 확보한 중동센트럴파크푸르지오아파트(999세대)가 시세를 견인하고 있으며 2024년 1월 기준, 35평 매매가는 11억 5,000만 원, 전세가는 7억 원이다.

3권역의 상동역 북쪽은 부천에서 가장 선호하는 석천중학교가 있어 진달래마을써미트빌아파트 같은 학교 인근 아파트 수요가 많다. 부천시청역, 신중동역 주변의 중동에 비해 상동역 주변은 10년 가까이 새 아파트라 전세 선호도 꾸준하다. 부천시청역 북쪽은 상업지역이 적고 유흥가가 없어 조용한 분위기를 선호하는 수요층이 주로 찾는다. 은하마을대우동부아파트는 역세권이라 인기가 많다. 중대형 평형 구성으로 주차환경도 양호한 편이다.


## 외곽에 있는 부천 옥길지구

부천시 옥길동에 위치한 부천옥길공공주택지구(이하 옥길지구)는 2016년부터 약 1만 호의 주택이 입주를 시작했다. 부천 동쪽 끝에 있어 서울 구로구, 광명시와 인접해 있다. 신도시의 성공 여부는 기존 구도심과 얼마나 가까이 붙어 있는지에 달려 있다. 구도심의 생활 인프라를 공유할 수 있기 때문이다. 옥길지구는 부천시 범박지구·소사지구, 서울 구로구 항동지구가 인근에 있어 성공적으로 안착할 수 있었다.

옥길지구는 비역세권으로 교통이 불편한 것이 단점이다. 옥길역을 지나는 신구로선(시흥대야역~목동역)이 4차 국가철도망 구축계획에 포함이 되었는데 스타필드 주변에 역이 들어올 거라는 주민들의 기대가 크다. 하지만 예비타당성 조사도 통과하지 않은 초기 단계라 시간을 두고 지켜볼 필요가 있다.

옥길지구는 3개의 권역으로 나눌 수 있다. 1권역은 옥길 지구에서 시세가 가장 높은데, 스타필드가 지척에 있기 때문이다. 스타필드가 있는 수도권 도시는 하남 신창, 하남 위례, 고양 삼송, 안성 공도, 수원 화서 정도이니 스타필드를 도보로 이용할 수 있는 건

**스타필드가 있는 부천 옥길지구**

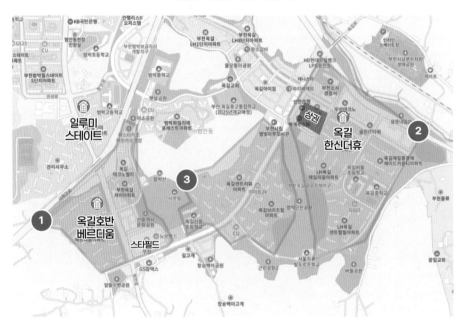

희소성이 있다. 숲세권인 부천 옥길호반베르디움아파트가 옥길지구 대표 아파트로 꼽힌다. 옥길지구는 아파트끼리 동떨어져 있어 주거 규모가 아쉬웠는데 3,724세대의 부천 일루미스테이트아파트가 바로 옆에 입주하며 생활권이 확장되고 있다.

2권역은 주거단지가 밀집되어 있고, 초·중학교, 상업지구, 준주거지인 지식산업센터가 포진해 주거지로 선호한다. 옥길한신더휴아파트가 38평 단일 평형이고 상업지구를 서쪽으로 끼고 있다. 2권역의 가운데 위치해서 학교, 상권 등 어디를 가도 가까워 입지가 가장 좋다.

3권역은 옥길지구의 가운데에 있지만 인프라가 부족해 1·2권역의 상업시설을 이용해야 한다. 초등학교가 가까운 것은 장점이라 할 수 있다.

**갓서블의 부천 ONE PICK!**

|  | ONE PICK | 특징 |
|---|---|---|
| **학군지** | 원미구 상동 진달래마을써미트빌아파트 | 상동역 학원가에 인접한 석천초-석천중학교 학군 아파트 |
| **변화 많은 곳** | 소사동 소사3주택재개발지구 | 한 정류장 위인 부천종합운동장역을 통해 7호선과 GTX-B·D노선으로 환승 가능. 소사역 더블 역세권, 주변에 4,000세대 규모의 재개발이 예정된 지구 |
| **실거주** | 원미구 중동 센트럴파크푸르지오아파트 | 중동신도시 내에서는 희소성 있는 브랜드 신축 |

# 김포,
# 한강 도시로 거듭날 지역

| 인구 | 총 48만 5,943명(20만 4,000세대) |
|---|---|
| 지하철 노선 | 김포골드라인 |
| 평당가 | 1,372만 원(2024년 1월 기준) |
| 평균 소득 | 3,847만 원 |
| **특징** | **김포골드라인 밖에 없어 서울과 가깝지만 역설적으로 가깝지 않은 도시** |
| **대장 아파트** | **한강메트로자이2단지아파트** |

김포는 한강을 따라 길게 형성된 도시다. 아쉬운 점은 주거지가 분산되어 있어 시너지가 안 나는 것이다. 또 서울과 물리적 거리는 가깝지만 일명 '지옥철'이라고 불리는 김포골드라인 밖에 지하철이 없다.

걸포북변역 일대는 브랜드 신축 아파트가 들어서며 김포에서 가장 시세가 높은 지역이 됐다. 걸포북변역 동쪽으로 북변 재개발과 함께 서쪽으로 김포걸포4지구도시개발이 진행되면 빈 공간을 채우며 기존 북변지구와 한강신도시까지 아우르는 연담도시(대도시를 중심으로 주변 도시들의 시가지가 연결되어 있는 지역)가 될 전망이다.

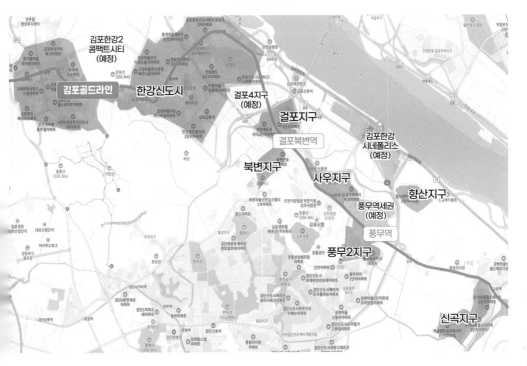

2기 신도시 중 가장 큰 규모로 조성된 한강신도시는 쾌적해 선호도가 높은 계획도시다. 김포 한강신도시에는 현재 약 5만 6,000가구가 거주한다. 고밀·복합·스마트도시를 표방하는 김포한강2콤팩트시티에 4만 6,000가구가 추가로 들어선다면 약 10만 명의 대규모 주거벨트가 형성된다. 이는 분당신도시와 비슷한 규모다.

사우지구는 2000년 전후로 조성된 구도심으로 김포시청, 인천지방법원 부천지원 김포시법원 등 관공서가 있다. 김포의 중심 학원가와 명문인 김포고등학교가 있어 교육환경이 좋은 편이다. 김포 한강신도시 이전 중심지일 정도로 생활기반시설이 좋다.

동쪽으로 가면 풍무역 남쪽에 김포풍무2도시개발구역이 조성이 됐는데 여기에 2,000세대가 넘는 대단지 푸르지오아파트가 들어섰다. 풍무동의 기존 인프라를 공유하면서도 서울과의 접근성이 좋아 선호하는 주거지 중 하나다.

신곡지구는 서울 강서구와 가장 가깝고, 경인아라뱃길 아라김포여객터미널과 현대프리미엄아울렛이 있어 서울 시민도 많이 찾는다. 서울 인근에서는 보기 드물게 '읍' 단위 지역이어서 대학 입시에서 '농어촌 특별전형'이 가능하다. 고촌역 남쪽에 김포고촌현대힐스테이트아파트 단지와 캐슬앤파밀리에시티아파트 신축이 들어서면서 고촌읍의 중심축이 바뀌었다.

마지막으로 살펴볼 김포 한강시네폴리스일반산업단지는 한강과 접한다. 김포 한강시네폴리스일반산업단지는 약 1.1㎢ 규모의 융복합 미래 도시를 조성하는 사업이다. 영상산업을 기반으로 비즈니스와 생활, 주거, 문화 등을 융합한 복합도시다. 계획된 공사 완료 시점은 2025년이다. 한강시네폴리스일반산업단지가 조성되면 김포시의 일자리가 늘어날 것으로 기대된다.

## 한강과 맞닿아 있는 김포 한강신도시

총 23.67㎞ 길이에 달하는 김포골드라인은 2019년 9월에 개통됐다. 골드라인은 역이 10개밖에 없고, 2량 운행이다. 출퇴근 시간에는 김포공항역에 가까울수록 사람이 가득 차 김포골드라인을 타기가 힘들다. 그래서 김포 한강신도시는 서울 강서구에 접해 있지만, 서울 접근성이 좋다고 평할 수는 없다. 5호선 방화역–검단–김포 연장을 추가 검토하겠다는 4차 국가철도망 계획이 있지만, 말 그대로 '검토하는' 단계라 추가 철도망 건설은 요원하다.

김포 한강신도시는 구래동, 마산동, 장기동, 운양동 일대를 개발해 조성한 2기 신도시다. 한강신도시에는 김포골드라인(구래역~운양역 구간)이 지난다. 신도시 내에 학교, 학원가, 공원, 상업시설이 잘 갖춰져 있어 교육환경과 거주환경이 좋다. 특히 동쪽에 있는 광명, 부천에 비해 시세도 낮아서 거주환경 대비 가성비가 좋은 곳이라 할 수 있다.

운양동은 유해환경이 없고, 학원가가 잘되어 있다. 특목고 실적이 김포에서 손에 꼽히는 하늘빛중학교가 있어 학부모들이 선호한다. 또 운양동은 한강과 가장 가깝다. 특히 김포 한강풍경마을한강한라비발디아파트는 한강 조망이 가능할 정도다. 운양역은 운양동 중심에 있다. 보통 학원가, 학교가 많은 역 북쪽을 선호한다.

입지가 가장 좋은 곳은 초품아인 한강신도시반도유보라2차아파트다. 초역세권이고 동쪽으로는 상업지구와 학원가를, 서쪽으로는 초등·고등학교를 끼고 있다. 다만 평형이 24평 단일 구성이라 수요가 제한적이다. 도보로 운양역을 이용 가능한 역세권인 한강신도시롯데캐슬아파트, 이랜드타운힐스아파트도 관심 가지면 좋다. 역과 가까운 운양역 남쪽의 김포한강신도시반도유보라6차아파트, 한강신도시운양역푸르지오아파트 또한 인기가 많다.

## 교육환경이 좋은 운양동

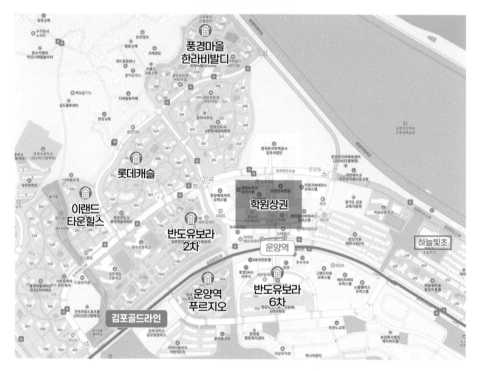

　김포골드라인 따라 서쪽으로 가면 장기역이 있는 장기동이 나온다. 장기동은 한강신도시에서 인구와 세대수가 가장 많고 그에 따라 학교도 많다. 운양중학교, 고창중학교, 장기중학교의 특목고 진학 실적이 괜찮아서 교육을 고려한다면 장기동도 괜찮다. 장기역 주변이 상업시설이 잘 갖춰져 있지만, 역 주변보다는 한국의 베네치아를 표방하는 라베니체 주변 선호도가 더 높다. 2017년식 e편한세상캐널시티아파트(639세대)가 대표 아파트고, 2024년 1월 기

## 한강중앙공원과 라베니체가 있는 장기동

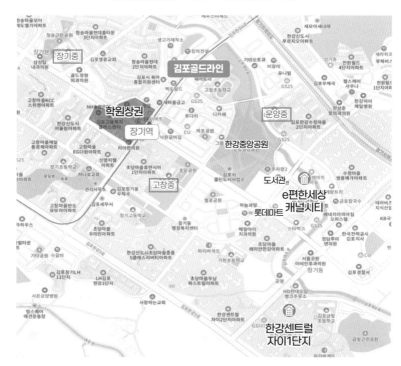

## 라베니체 전경

출처: 김포시청

## 역과 호수공원 사이에 4개의 신축 아파트가 있는 구래동

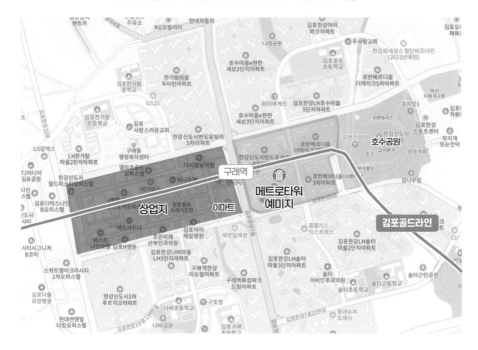

## 한강신도시 호수공원

출처: 갓서블

준 33평 매매가는 5억 7,000만 원, 전세가는 3억 7,000만 원이다. 초등학교가 먼 게 단점이지만 롯데마트, 한강중앙공원, 라베니체가 있어 생활 여건이 훌륭하다. 그 다음으로는 외곽에 있지만 초품아고 3,481세대 대단지 브랜드 신축인 한강센트럴자이1단지아파트도 인기가 많다.

한강신도시 제일 왼쪽에 있는 구래동은 마산동과 주거 벨트가 이어진다. 구래동은 구래역의 이마트를 포함해 한강신도시에서 가장 상업시설 규모가 크고 활성화됐다. 구래역과 호수공원 사이에 있는 4개의 신축 아파트가 입지, 상품성이 가장 좋다. 2021년식 김포한강신도시메트로타워예미지아파트가 이 권역의 시세를 견인하고 있다. 메트로타워예미지아파트 동쪽의 한강신도시 호수공원은 주민들의 산책로로 인기가 많아 자연환경도 손색이 없다. 다만 김포골드라인의 가장 서쪽에 위치해 김포에서 가장 서울 접근성이 안 좋은 것이 흠이다.

## 김포 대장 걸포북변역

김포의 대장은 걸포북변역이 있는 걸포동이다. 1990년대에는 농지로 사용되었으나 2010년 걸포 오스타파라곤아파트 입주를 시작으로 개발됐으며 현재 걸포4지구 도시개발사업이 추진 중이다. 걸포4지구가 개발되면 운양동과 이어지며 한강신도시와 주거지역이 연결되게 된다.

걸포북변역에 3개의 한강메트로자이아파트 단지가 있는데 이 중 2단지가 김포의 대장 아파트로 꼽힌다. 2020년식 한강메트로자이2단지아파트(2,456세대)는 2024년 1월 기준 34평 매매가가 6억 9,000만 원, 전세가가 4억 원이다. 한강메트로자이1단지 주상복합건물과 걸포북변역 주변의 상가가 있지만 전반적으로 상업시설이 많지 않고 중학교가 주변에 없어서, 김포 대장이라고 하기에 다소 아쉬운 입지 여건이기는 하다.

하지만 시간을 두고 단점을 메워갈 곳이라 앞으로도 김포 대장 자리를 지킬 것으로 보인다. 일례로 메트로자이아파트 서쪽에 걸포4지구가 약 83만㎡로 조성되며 부족했던 중학교가 신설될 예정이다. 동쪽에는 정비사업으로 북변3구역(1,200세대), 북변4구역(3,058세대), 북변5구역(2,136세대) 총 6,394세대 규모 아파트 단지가 형성되며 허전했던 입지가 채워지고 있다. 북변 재개발지구 중에서는 4구역이 진행 속도가 가장 빠르고 대단지에 역과 가까워 가장 입지가 좋다. 하지만 1군 브랜드(한양건설)가 아니어서 한강메트로자이아파트와 비슷한 시세가 형성될 것이라 예상된다.

걸포동은 김포 한강신도시보다 동쪽에 위치해 김포공항, 마곡, 여의도 등 수도권 서부로 출퇴근하는 인구가 많은 편이다. 걸포북변역에서 마곡까지는 가까운 편이지만 여의도까지는 70분 정도 소요된다. 서울 내 주요 업무지구까지는 접근성이 떨어지는 한계가 있다. 희소식은 걸포동에서 버스로 10분이면 갈 수 있는 킨텍스역에서 앞으로 GTX-A노선을 이용할 수 있게 된다는 것이다. 환승하면 삼성역까지 20분 내로 갈 수 있다.

## 변화가 많은 걸포북변역 주변

## 김포의 시세를 견인하는 한강메트로자이1단지아파트

갓서블의
김포 ONE PICK!

| | ONE PICK | 특징 |
|---|---|---|
| 학군지 | 사우동<br>풍년마을삼성아파트 | 연식이 오래됐지만 금파초-금파중-김포고로<br>이어지는 학군 라인과 사우동 학원가 등<br>교육환경이 우수한 아파트 |
| 변화 많은 곳 | 걸포동<br>한강메트로자이아파트 | 김포걸포4지구도시개발·북변3·북변4·<br>북변5주택재개발이 예정되어 있고, 검단부터<br>일산을 잇는 인천2호선 연장이 예정된 아파트 |
| 실거주 | 구래동 김포한강신도시<br>메트로타워예미지아파트 | 이마트 등 상업 인프라와 호수공원이 있는<br>역세권 신축으로 입지 밸런스가 훌륭한 아파트 |

# 고양,
# 일산을 품고 있는 100만 특례시

| | |
|---|---|
| 인구 | 총 107만 6,376명(46만 4,300세대) |
| 행정구역별 인구 | 덕양구(49만 명), 일산동구(29만 명), 일산서구(29만 명) |
| 지하철 노선 | 3호선, 경의중앙선, 서해선, GTX-A(공사 중) |
| 평당가 | 1,612만 원(2024년 1월 기준) |
| 평균 소득 | 4,127만 원 |
| **특징** | **호수공원을 품고 있는 명품 신도시** |
| **대장 아파트** | **킨텍스원시티아파트** |

　일산신도시는 초기 성남 분당, 안양 평촌과 함께 1기 신도시 전성시대를 이끈 지역이지만, 최근에는 가장 낮은 시세를 보이고 있다. 1990년 초반에 입주한 1기 신도시는 상품 경쟁력을 점차 잃어가고 있는데, 주변 지역에 새 상품이 대량으로 공급됐기 때문이다. 일산 북쪽에는 파주 운정신도시가, 서쪽에는 김포 한강신도시가, 동쪽에는 삼송·지축·원흥·향동·덕은지구가 생겨 수요가 이탈했다.

　또한 3기 신도시 창릉지구가 일산신도시의 절반 규모로 공급될 예정이다. 이 때문에 수도권 서북부 지역에서 일산의 위상은 크게 낮아졌고, 앞으로도 옛 명성을 찾기 쉽지 않아 보인다. 그러나 일산신도시는 후곡·백마 학원가와 호수공원의 자연환경 등 경쟁력 있는 입지 환경이 있다. 앞으로 리모델링 혹은 재건축이 진행되어 신축으로 바뀌게 되면 다시 한번 집중 받을 잠재력이 충분하다.

현재 일산의 시세는 일산신도시 남쪽의 킨텍스 부근이 이끌고 있다. 일산신도시와 붙어 있고, GTX-A 킨텍스역이 2024년에 들어오기 때문이다. 일산신도시는 거주환경이 좋다. 하지만 일산을 지나는 3호선은 빙 둘러 다니기 때문에, '출근하는 아빠에게는 지옥, 다른 가족에게는 천국'이라는 우스갯소리가 있다. GTX-A노선은 20분 만에 강남을 갈 수 있어 아빠에게도 천국을 선사하는 황금노선이다. 경의중앙선 북쪽의 덕이지구, 식사지구, 풍동지구는 상품성이 좋고 자체 인프라도 갖췄다. 그러나 권역 내에서 살기에는 괜찮지만 지하철 교통망이 불편하다.

동쪽 덕양구의 화정지구도 일산신도시와 비슷한 시기에 들어섰다. 학교, 학원, 쇼핑 등 인프라가 좋고, 소형 평수가 많아 신혼부부나 아이 있는 가정에서 꾸준히 찾는 곳이다. 무엇보다 화정역에서 한 정류장만 가면 있는 대곡역에 GTX-A노선, 고양선이 향후 들어올 예정이다. 기존의 3호선, 서해선, 경의중앙선에 더해서 총 5개의 노선이 지나는 펜타 역세권이 된다. 스타필드가 있는 3호선 라인의 삼송지구, 은평구와 접해 있는 지축지구, 이케아와 롯데아울렛이 있는 원흥지구 신축들이 들어서면서 고양시민에게 인기 있는 주거지역으로 자리매김했다.

## 고양 한 장 지도

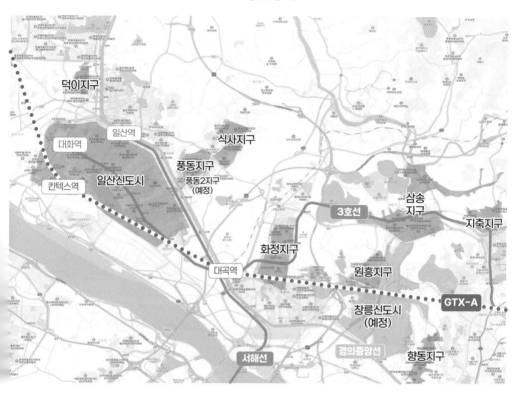

- 덕이지구
- 식사지구
- 일산역
- 대화역
- 풍동지구
- 풍동2지구 (예정)
- 킨텍스역
- 일산신도시
- 삼송 지구
- 지축지구
- 3호선
- 화정지구
- 원흥지구
- 대곡역
- 창릉신도시 (예정)
- GTX-A
- 서해선
- 경의중앙선
- 향동지구

## 푸르름이 가득한 일산호수공원

출처: 일산시청

# 1기 신도시 중 용적률이 가장 낮은 일산신도시

1기 신도시인 분당, 일산, 평촌, 산본, 중동 중에서는 일산이 가장 용적률이 낮아 재건축에 유리하다. 하지만 현재 시세가 가장 낮아 사업성을 생각하면 재건축 진행이 녹록치 않다. 하지만 다른 각도로 생각하면 일산의 용적률이 낮다는 것은 아파트 단지가 빽빽하지 않아 전반적으로 쾌적하다는 말로 해석할 수 있다.

일산은 수도권 서북부 지역에 있어 서울 3대 업무지구로의 접근성이 가장 떨어지지만, 주변 지역에서도 찾아오는 명소인 일산호수공원이 있다. 일산호수공원의 고양 국제꽃박람회는 약 30만 명이 찾을 정도로 자연경관이 수려하다. 일산신도시는 다른 1기 신도시처럼 단지 사이사이 공원으로 가는 산책길이 잘 조성되어 있다. 일산은 특히 공원의 녹지공간이 많은 편이고, 일산호수공원까지

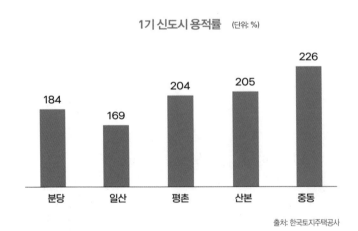

**1기 신도시 용적률** (단위: %)

출처: 한국토지주택공사

이어지는 산책길은 30년 세월의 푸름까지 더해져 더욱 아름답다.

일산은 평촌처럼 학원가와 상업지역이 분리되어 단일 학원가로 있는 것이 장점이다. 일산의 또 다른 장점 중의 하나는 일산동의 '오마학군'으로 불리는 후곡마을 학군과 '백마학군'으로 불리는 마두동의 백마마을 학군이 있다는 것이다. 김포나 파주에 사는 거주민도 학군 때문에 일산으로 이사를 고민한다. 비평준화 시절 일산의 백석고등학교는 분당의 서현고등학교, 안양의 안양고등학교, 부천의 부천고등학교와 함께 1기 신도시를 대표하는 명문 고등학교였다.

일산의 학군을 정리하면 일산의 4대 선호 중학교는 오마중학교, 정발중학교, 신일중학교, 발산중학교다. 일산의 중학교 학군은 좋은 평가를 받지만 이과 상위권 자원은 파주 운정고등학교, 한민고등학교 등 비평준화 학교로 빠져나가고 있는 게 현실이다. 그 와중에 일산 대진고등학교, 주엽고등학교, 백양고등학교, 저현고등학교, 백석고등학교 등이 최근 나름 괜찮은 실적을 내고 있다.

일산의 3호선 역 주변은 주상복합과 오피스텔이 많다. 특히 정발산역의 오피스텔은 일산호수가 보이는 곳들이 많아 수익형 상품으로도 인기 있다. 주요 상권 시설로는 롯데백화점 일산점, 뉴코아울렛 일산점과 테마형 복합로드샵인 라페스타, 웨스터돔의 스트리트형 상가가 있다.

그럼 일산신도시를 주엽동·일산동, 마두동, 백석동 순으로 나누어 살펴보자. 주엽동은 문촌마을과 강선마을로 이루어져있고, 일산동에는 후곡마을이 있다. 대표 아파트는 주엽역 역세권인 1994

년식 문촌마을16단지뉴삼익아파트(956세대)고 2024년 1월 기준 31평 매매가는 6억 9,000만 원, 전세가는 4억 원이다. 마주보고 있는 강선마을14단지두산아파트와 함께 리모델링이 진행 중이다. 두 곳 모두 초품아와 역세권이고, 남쪽으로는 일산호수공원이 가까워 입지가 좋다.

경기도에서 평촌 다음으로 규모가 큰 후곡 학원가와 가까운 후곡마을LG롯데9단지아파트도 학군 수요가 꾸준하다. 일산에서 가

**3호선 부근의 주엽동과 경의중앙선 부근의 일산동**

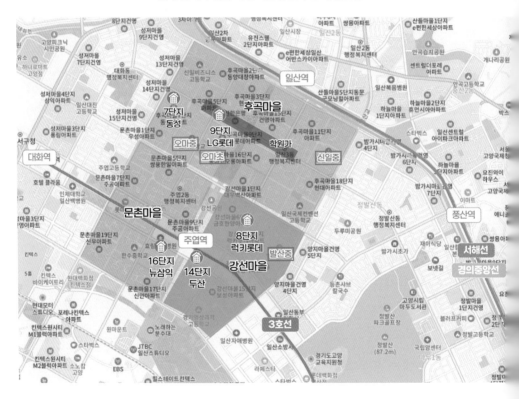

장 선호하는 오마초등학교, 오마중학교 학군이기 때문이다. 경기도에서 후곡마을동성7단지아파트 23평도 실수요자에게 인기가 많다. 23평이지만 후곡 학군에서 방 3개의 구조를 갖췄기 때문이다. 또 강선마을8단지럭키롯데아파트도 주엽역과 가깝고 발산중학교 배정이라 선호하는 아파트다.

3호선을 따라 동쪽에 있는 마두동으로 가보자. 마두동은 백마마을과 강촌마을로 이뤄졌다. 예술의전당에 이어 대한민국 제2의

**백마 학원가가 있는 마두동**

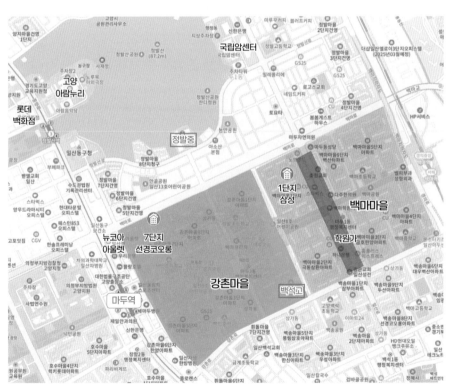

공연장 규모인 고양아람누리, 국립암센터, 뉴코아아울렛 일산점 등의 인프라가 있다. 또 마두동에는 빽빽한 아파트 단지들 사이에 맑은 공기를 공급해주는 정발산이 자리 잡고 있다.

한때 경기권의 양대 고등학교로 불렸던 백석고등학교와 이를 뒷받침하는 백마 학원가가 있어 백마마을은 여전히 교육열이 높다. 백마마을1단지삼성아파트는 백마 학원가를 부모님의 차량 없이 이용이 가능하고 정발중학교 배정이어서 인기가 많다. 또한 마두역 역세권에 정발중학교와 가까운 강촌마을 7단지선경코오롱아파트의 입지도 눈여겨볼 만하다.

마지막은 일산의 초입인 백석동이다. 백석동에는 흰돌마을과 백송마을이 있다. 백석동은 고양 덕양구와 경계를 이룬다. 인근에 수도권 순환도로가 있어 타 지역으로 이동하기 편리한 것이 특징이다. 국민건강보험공단에서 운영해 병원비가 저렴한 일산병원과 코스트코 코리아 일산점이 있다. 그러나 일산신도시의 다른 권역보다 인프라가 적은 편이다. 흰돌마을의 대표 아파트는 백석역 역세권에 백신초·중·고등학교를 품고 있는 흰돌마을국제한진3단지아파트다. 백송마을의 대표 아파트는 백마 학원가를 도보로 이용 가능하고 세대수가 604세대로 양호한 백송마을선경코오롱8단지아파트다.

백석동 동쪽 끝에 있는 주상복합 일산요진와이시티는 킨텍스가 생기기 전에는 일산의 시세를 주도했었다. 상가동인 벨라시티는 키즈 카페, 패션몰, 서점, 영화관 등 없는 게 없는 멀티플렉스 상권이다. 벨라시티는 와이시티 거주민뿐만 아니라 일산 시민들과 고

양종합터미널의 이용객들도 찾는다. 또 59층 높이라 멀리서도 잘
보여서 일산의 랜드마크 중 하나다.

**아파트가 많지 않은 백석동**

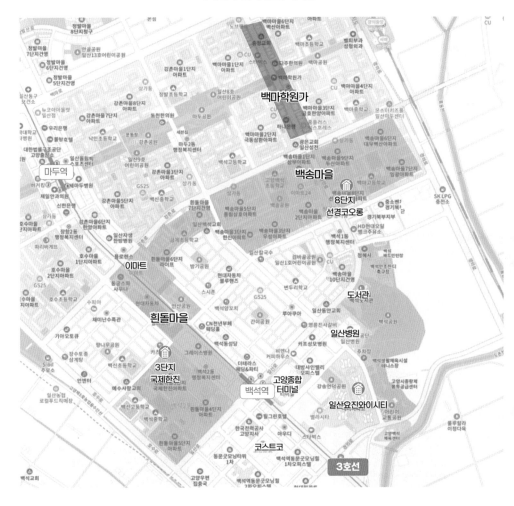

## '킨텍스'에 살아요

광교 거주민은 수원 산다고 하지 않고 '광교' 산다고 하고, 분당 거주민은 성남 산다고 하지 않고 '분당 살아요'라고 하듯이, 고양 거주민은 '킨텍스에 살아요'라고 할 정도로 거주민의 자부심이 높다. 킨텍스의 대화동과 장항동은 3호선 서쪽의 시작이라 일산신도시의 변두리였지만, GTX-A노선으로 강남에 약 20분이면 갈 수 있게 되면서 굵직한 존재감이 생겼기 때문이다.

킨텍스원시티는 49층 3개 블록으로 구성된 주상복합이고, 총 2,000세대가 넘는 대단지이다. 이 중 대표 단지는 2019년식 킨텍스원시티 M2블럭아파트(959세대)고, 2024년 1월 기준 35평 매매가는 12억 5,000만 원, 전세가는 5억 원이다.

교통 호재뿐만 아니라 일산신도시에 없는 신축에, 서울 코엑스

**킨텍스 원시티 전경**

출차: 갓서블

와 어깨를 나란히 하는 대형 컨벤션센터인 킨텍스 전시장이 있다. 또 현대백화점 킨텍스점, 홈플러스 킨텍스점, 이마트 트레이더스(트레이더스홀세일클럽 킨텍스점) 등 고급 상권, 사계절 물놀이와 겨울 스포츠를 즐길 수 있는 원마운트, 한화 아쿠아플래닛 일산 등의 상업·오락시설도 있다. 일산 호수공원과 일산에서 가장 큰 일산백병원도 도보권으로 이용 가능하다. 이 정도 인프라면 '킨텍스에 살아요'라고 할 만하지 않은가?

인구 107만 명인 고양시는 인구 63만 명인 안산시와 비슷한 규모의 일자리가 있어 자체 내 일자리가 부족한 게 단점이다. 하지만 서해선 개통으로 마곡의 일자리 접근성이 좋아졌고, GTX-A가 개통되면 강남 등 주요 일자리 접근성이 더욱 좋아질 것이다. 대화동 일대 87만㎡ 부지에 일산 테크노밸리의 약 2,700여 명의 일자리가 들어오면 자체 내 수요도 더 많아질 것이다. 앞으로 킨텍스의 시세를 잘 지켜보자. 킨텍스는 일산의 미래다.

**갓서블의 고양 ONE PICK!**

| | ONE PICK | 특징 |
|---|---|---|
| 학군지 | 일산동 후곡마을 LG롯데9단지아파트 | 일산 최고의 학원가와 가장 선호하는 오마초-오마중학교 학군이 있는 아파트 |
| 변화 많은 곳 | 토당동 능곡2구역·5구역·6구역주택재개발지구 | 한 정류장 올라가면 GTX-A노선이 들어오는 대곡역을 이용할 수 있는 약 8,000세대 규모의 재개발지구 |
| 실거주 | 장항동 킨텍스원시티 단지 | 원마운트, 현대백화점, 이마트 등 모든 것이 도보권인 GTX-A 역세권 신축 |

# 시흥,
# 바라지와 산업단지의 도시

| 인구 | 총 51만 8,174명(22만 8,000세대) |
|---|---|
| 지하철 노선 | 4호선, 수인분당선, 서해선, 신안산선(공사 중), 월곶판교선(공사 중) |
| 평당가 | 1,380만 원(2024년 1월 기준) |
| 평균 소득 | 3,446만 원 |
| **특징** | **다핵도시의 단점을 교통 호재로 커버하는 도시** |
| **대장 아파트** | **시흥 배곧C1호반써밋플레이스(주상복합)** |

바라지는 예부터 방죽, 논, 간척지를 일컫는다. 시흥은 바다를 땅으로 간척한 호조벌을 조성했고, 소금산업을 위해 염전을 만들었다. 바라지였던 시흥은 이후 시화국가산업단지(시화멀티테크노밸리 국가산업단지)가 자리 잡아 경제발전과 산업화를 이뤘다. 안산과 함께 산업단지가 조성되어 제조업 중심의 일자리가 많지만 소득이 높은 편은 아니다.

지도를 보면 택지지구들이 흩어져 있는 다핵도시다. 안산은 4호선 중앙역을 기점으로 주거지가 밀집되어 있는 데 반해, 시흥은 배곧·장현·목감·은계지구가 모두 떨어져 있는 점이 아쉽다. 김포는

## 시흥 한 장 지도

골드라인을 따라 빈 곳이 점차 채워지는데, 시흥은 앞으로 들어설 하중지구와 거모지구도 생활권이 단절됐다. 배곧신도시는 다른 택지지구보다 규모가 크고 반듯하게 지어져서 시세가 가장 높지만, 사실 시흥권이라기보다는 인천 송도의 영향을 받는 곳이다.

시흥의 주요 지하철은 현재 서해선이다. 서해선으로 출퇴근하는 수요층은 서울과 가장 가까운 북부 생활권인 시흥대야역, 신천역 주변의 집을 찾는다. 구도심인 은행지구와 신도시인 은계지구가 어우러져서 구축부터 신축까지 다양한 가격대의 수요를 충족할 수 있다. 또 은행지구는 다른 신규택지보다 역사가 깊어 학원가가 형성되어 있고, 소래고등학교 등 선호하는 학교가 있다.

시흥은 섬처럼 고립됐었는데, 월판선과 신안산선으로 지각변동이 일어나고 있다. 신안산선 본선을 이용할 수 있는 목감택지지구는 물왕호수 개선사업과 함께 입지 가치가 높아져 주목할 만하다. 광명역~시흥시청역 구간을 월판선과 신안산선이 공용으로 쓰는데, 덕분에 시흥시청역은 기존의 서해선에 월판선, 신안산선이 더해져 트리플 역세권이 된다. 시흥장현공공주택지구 인근에는 동쪽의 능곡지구와 서쪽의 연성지구를 합쳐 1만 8,000세대의 대규모 주거 벨트가 형성이 되었고, 항아리 상권이라 생활 인프라에 부족함이 없어 관심 가질 만하다.


## 인천 생활권인 배곧신도시

'배곧'이라는 지명은 독립운동가인 주시경 선생이 설립한 배곧학당에서 유래했다. 배곧은 인천공항과 가까운 지리적 이점을 이용해 서울대학교 시흥캠퍼스와, 서울대병원을 건립하려고 추진 중이다. 또 배곧과 송도는 접해 있다. 이 두 지역을 연결하는 배곧대교 건설을 계획하고 있다. 완공하면 송도와 시흥 간 이동 거리가 27분에서 10분으로 단축되면서 송도의 일자리 배후지역이 될 것이다.

배곧신도시는 4.9㎢ 면적으로 조성된 택지지구로, 신도시 느낌이 물씬 나는 곳이다. 서해안을 따라 공원도 잘되어 있어 인근 지역주민들의 명소로 사랑받고 있다. 또 인근에 신세계프리미엄아울렛 시흥점도 가깝다. 단점은 교통인데, 신도시 내 지하철이 지나가지 않아 서울과 심리적·물리적 거리가 꽹장히 멀다. 다른 택지는 지하철 호재가 있지만 배곧신도시는 그렇지 않다. 경기도 도시철도망 구축계획에 오이도연결선(오이도역~배곧신도시~오이도) 트램이 계획되어 있는데, 만약 오이도역과 연결이 되면 4호선과 수인분당선을 이용할 수 있게 된다. 하지만 아직 예비타당성 조사를 시작하지도 않아서 기약이 없다.

시흥의 대장 아파트는 배곧신도시 중앙에 있는 2019년식 시흥배곧C1호반써밋플레이스(890세대) 주상복합이고 2024년 1월 기준 매매가는 6억 원, 전세가는 3억 5,000만 원이다. 남쪽에 복합쇼핑몰인 배곧아브뉴프랑과 롯데마트 시흥점 등의 슬리퍼 상권이 잘되어 있고 초·중학교도 비교적 가까운 편이다. 서쪽에는 배곧생명공원도 있어 입지가 빠지는 게 없다. 배곧신도시SK뷰아파트도 관심 가지면 좋다. 중심상권과 좀 떨어져 있지만 뒤편에 상점가가 형성되어있다. 또 거실 창으로 서해 바다가 보이고 배곧한울공원이 있어 주민들의 만족도가 매우 높은 곳이다.

서울대학교 부지 남쪽은 중심상업지역과 멀고 주위에 지식산업센터 등의 업무시설도 있다. 이곳은 배곧에 희소한 중대형 평형이 있어 큰 평형으로 옮겨가고 싶은 수요를 채워주는 곳이다. 바다 뷰인 시흥배곧한라비발디캠퍼스아파트가 남쪽 권역의 대표 아파트로 꼽힌다.

## 송도 생활권인 배곧신도시

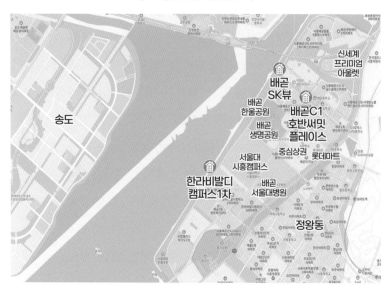

## 배곧의 중심상권 뒤로 보이는 배곧C1호반써밋플레이스(주상복합)

출처: 갓서블

# 은행지구와 시너지를 내는 은계지구

　1만 3,200세대가 사는 은계지구는 기존 구도심인 대야동 은행지구 옆에 붙어 있다. 오랜 시간 형성된 구도심의 인프라를 이용할 수 있는 점이 시흥의 다른 택지지구와의 차이점이다. 다만 유일한 지하철 노선인 서해선이 멀어서, 신천역 역세권 신축인 시흥센트럴푸르지오아파트보다 낮은 시세를 보이고 있다.

　은계지구는 중심상가가 에듀타운으로 지정되어 학원이 많다. 인근 은행동에도 학원가가 밀집해있다. 학원가 규모가 크지는 않아서, 부천 중동신도시의 학원가를 이용하기도 한다. 은계지구는 시흥에서 선호하는 은행중학교, 소래고등학교와 인접하고 유해시설이 없어 교육환경이 좋은 곳으로 꼽힌다.

은계파크자이아파트 주변 에듀타운

# 위아래로 길게 자리 잡은 은계지구

수도권에 내 아파트 한 채 없겠어?

은계지구 주변의 구도심도 재개발을 시작해서, 주거환경이 변화하고 있다. 약 3,400세대의 아파트가 재개발로 탈바꿈한다. 은계파크자이아파트 서쪽으로는 시흥롯데캐슬시그니처아파트가 재개발로 신축될 예정이다.

은계지구의 가장 큰 단점은 교통인데 대중교통으로 가산디지털까지 가는 데만 한 시간이 걸린다. 서울 다른 업무지구로의 출퇴근은 엄두가 안 날 정도다. 제4차 국가철도망 구축계획에 제2경인선이 포함되었는데, 인천 청학에서 시작해 시흥 은계를 지나 서울로 이어질 계획이다. 그러나 이 역시 예비타당성 조사도 진행이 되지 않아 기약이 없다.

**갓서블의 시흥 ONE PICK!**

| | ONE PICK | 특징 |
|---|---|---|
| **학군지** | 은행동 은계파크자이아파트 | 에듀타운 학원가, 은행중학교, 소래고등학교와 인접한 아파트 |
| **변화 많은 곳** | 능곡동 시흥장현제일풍경채 센텀아파트아파트 | 기존 서해선에 신안산선이 추가 개통할 예정으로 광명역까지 4개 정류장이면 갈 수 있는 아파트 |
| **실거주** | 배곧동 시흥배곧C1 호반써밋플레이스아파트 | 배곧 중심상권과 배곧생명공원 사이에 있는 신축 주상복합 |

# 5

# 경기도
# 남부권역
# 입지분석

용인 ···· 수원 ···· 화성 ···· 안산

# 용인,
# 일자리가 증가하는 곳에
# 돈이 몰린다

| | |
|---|---|
| 인구 | 총 107만 7,224명(43만 5,400세대) |
| 행정구역별 인구 | 기흥구(43만 명), 수지구(38만 명), 처인구(26만 명) |
| 지하철 노선 | 신분당선, 수인분당선, 에버라인, GTX-A(공사 중) |
| 평당가 | 1,774만 원(2024년 1월 기준) |
| 평균 소득 | 5,049만 원 |
| **특징** | **위로는 분당이 끌어주고, 아래로는 광교가 밀어주는 도시** |
| **대장 아파트** | **성복역롯데캐슬골드타운(주상복합)** |

2016년 신분당선이 생기기 이전, 용인의 중심축은 수인분당선이 있는 죽전지구였다. 신분당선이 용인 수지구를 지나 광교까지 연결되며 중심축이 옮겨갔다. 신분당선을 따라 살펴보자. 용인에서 신분당선 시작은 동천역이다. 동천역 주변에 물류창고가 있어 쾌적하진 않지만, 동천센트럴자이아파트 같은 신축 브랜드 아파트 단지가 있다. 용인에서 가장 북쪽에 있고 분당에 접해 있어 물리적 위치가 좋다.

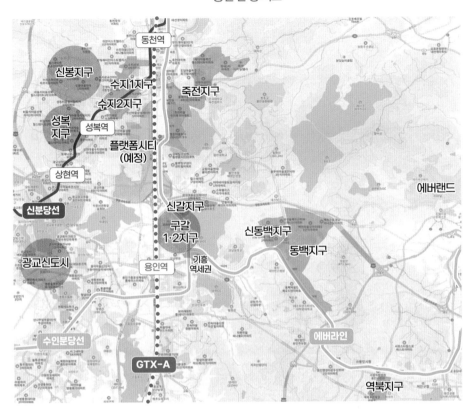

수지1·2지구는 용인의 학군지로 명성을 떨치고 있다. 수지구청역 주변에 용인에서 가장 큰 규모의 학원가가 있고, 용인의 명문 중·고등학교인 이현·정평·서원중학교와 수지·성복·풍덕고등학교가 있다. 다만 수지구청역 주변의 아파트는 연식이 30년 가까이 되어가 성복천을 건너면 있는 좀 더 신축인 진산마을 단지도 인기가 많다.

신분당선 성복역에는 롯데몰 수지점이 있다. 신축 주상복합인 성복역롯데캐슬골드타운이 역과 쇼핑몰을 품고 있어 용인에서 가장 시세가 높다. 성복역 서쪽으로 오르막을 따라가면 성복지구와 신봉지구가 나온다. 성복지구와 신봉지구는 지형과 동네 분위기가 비슷하지만 아무래도 성복역 주변인 성복지구의 선호도가 더 높다. 이곳의 특징은 50~90평까지 있어서 대형 평형에 대한 수요를 흡수한다.

용인 구간의 신분당선에서 가장 남쪽인 상현역은 광교 생활권이다. 아파트에도 광교라는 이름을 붙이고 있고, 실제로 도로 하나 건너면 수원 광교호수마을이다. 상현역 주변은 광교처럼 쾌적하고 상권도 잘 형성되어 있어 수요가 탄탄한 곳이다.

용인의 또 다른 학군지로는 죽전지구의 보정동이 있다. 신세계백화점이 있는 죽전역에서 내려가면 명문인 신촌중학교가 있고, 그 근처에 용인에서 두 번째로 큰 학원가가 있다. 죽전지구는 동쪽으로 갈수록 오르막길이지만, 북쪽으로 분당과 접해 있고, 생활에 부족함 없이 인프라가 잘 갖춰져 있다. 수지지구와 죽전지구 사이에는 빈터가 많지만, 곧 GTX 용인역과 플랫폼시티가 들어오며 채울 것이다. 신분당선 연장과 함께 중심축이 바뀌었듯이, GTX-A로 신분당선과 양 축을 형성할 거라 보인다.

GTX-A노선 주변의 신갈지구와 구갈지구도 수인분당선이 있어 교통이 좋고, 아파트 단지가 많아 구도심의 인프라를 누리며 살기 좋다. 다만 연식이 오래되어 신축을 찾는 수요층은 기흥역세권 주변을 선호한다. 기흥역 주변의 주거 규모는 작지만, 기흥 AK몰이 있고 신축이 많아 쾌적하기 때문이다. 동쪽으로 에버라인을 따라가면 나오는 동백지구도 백화점 빼고 없는 게 없을 정도로 인프라가 훌륭하다. 용인세브란스병원도 가까이에 있어 주거 만족도가 높은 곳이다.

동백지구보다 늦게 형성이 된 신동백지구는 좀 더 높은 시세를 형성하고 있다. 에버라인을 따라 동쪽으로 더 들어가면 역북지구가 나오는데, 신축 택지지만 외곽이라 동백지구와 비슷한 시세를 형성하고 있다. 역북지구에서 좀 더 들어가면 교통이 불편하고 전원적인 느낌이 나는 도농 복합지역의 모습을 볼 수 있다. 에버라인의 가장 종점은 용인 에버랜드다.


## 분당과 광교 사이 수지구청역

경기 동부지역에서 학군으로 가장 먼저 고려하는 곳은 분당이다. 분당을 가자니 시세가 부담스럽고, 2기 신도시 광교로 가자니 학군이 걸린다. 둘의 완충지대가 있으니 바로 신분당선 수지구청역 풍덕천동이다. 풍덕천동은 3권역으로 나눌 수 있다. 풍덕천동 1권역의 대표 아파트는 2017년식 e편한세상수지아파트(1,237세대)고, 2024년 1월 기준 34평 매매가는 11억 3,000만 원, 전세가는 7억 원이다. e편한세상수지아파트는 수지구청역보다 성복역이 가깝다. 준신축의 브랜드 아파트인데 수지구청역 학원가도 도보권이어서 인기가 많다.

## 학군이 좋은 수지구청역 주변

## 성복천을 건너면 나오는 평화로운 진산마을

출처: 갓서블

수지구청역 주변은 유해시설이 없고 도서관, 용인YMCA스포츠 센터 등 인프라가 훌륭하다. 또 정평중학교, 이현중학교의 학군이 근처에 있고 좋은 학원가도 있다. 해마다 다르지만 정평중학교와 이현중학교를 가려면 보통은 4학년 이전에는 해당 초등학교에 전입해야 한다.

수지구청역 주변은 1994년 이후 입주한 낡은 아파트가 많아 아쉽다. 하지만 수지한국아파트, 수지 신정마을주공9단지아파트, 수지현대성우8단지아파트 등이 리모델링 중이어서 진행 추이에 관심 가지면 좋다. 수지구청역 신축은 그 자체로 희소성이 있기 때문이다. 수지구청역 주변에서 신축을 찾는다면 2015년식 래미안수지이스트파크아파트와 2019년식 수지파크푸르지오아파트를 권한다.

2권역은 성복천을 다리로 건너면 나오는 진산마을이다. 2002년부터 입주한 진산마을도 비교적 신축 단지라서 선호도가 높다. 진산마을삼성5차아파트는 풍천초등학교를 품고 있는 초품아에 명문 이현중학교를 갈 수 있고, 수지구청역 인프라를 도보로 누릴 수 있어 장점이 많은 아파트다. 진산마을 뒤쪽 플랫폼시티로 연결도로가 이어질 예정으로 시너지 효과가 기대된다.

3권역은 역과 가장 거리가 멀고 오르막길이다. 자체 내에 인프라가 거의 없어 한적하다. 이 권역에서는 수지삼성래미안1차아파트를 주목하자. 현재 리모델링 사업이 진행 중이고, 중대형 평형으로 구성된 브랜드 아파트기 때문이다.

# 대표적인 대형 평수 권역 성복지구, 신봉지구

성복지구와 신봉지구는 원래 단절되어 있어 이동이 불편했다. 그러나 수지중앙터널이 2023년 10월에 개통함에 따라 한결 접근성이 좋아졌다. 수지구청역 주변의 아파트는 20~30평의 중소형 평형이 많다면 성복지구와 신봉지구는 40~90평까지 대형 평수가 많다. 요즘 분양하는 아파트 중 50평형 이상을 보기 힘든데, 이곳은 대형 평형이 밀집되어 있고 주차 공간도 여유롭다.

왼쪽의 성복지구부터 살펴보자. 성복지구에는 수지구 4대 중학교로 꼽히는 홍천중학교가 있고, 최근 특목고 입학에서 좋은 실적을 내는 성복중학교도 있다. 또한 서쪽 끝으로 올라가면 용인에서 손에 꼽히는 성복고등학교도 있어 안정된 학군을 자랑한다.

용인의 대장 아파트는 성복역 역세권인 2019년식 주상복합 성복역롯데캐슬골드타운(2,356세대)이고, 2024년 1월 기준 매매가는 11억 7,000만 원, 전세가는 7억 원이다. 성복지구는 대체로 10~20년 연식이 됐지만, 성복역 도보권인 2020년식 성복역롯데캐슬파크나인아파트와, 2021년 입주한 성복역롯데캐슬클라시엘아파트 등 신축도 있다. 성복역롯데캐슬골드타운과 함께 시세를 이끌고 있다. 성동마을LG빌리지1차아파트의 입지도 눈여겨볼 만하다. 2001년에 입주했지만 1,164세대 대단지고 61평, 71평, 82평, 92평 등 초대형 평형으로 구성되어 있다. 또 주차대수 2.8대를 자랑한다.

신봉지구는 성복지구와 다르게 신분당선 역과 거리가 있어 선호도가 떨어지는 게 사실이다. 신봉지구 초입에 있는 2004년식 신

## 수지중앙터널 개통으로 접근성이 개선된 성복지구와 신봉지구

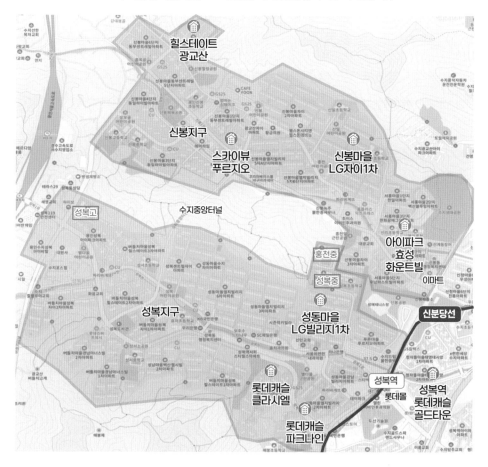

봉서홍마을아이파크효성화운트빌아파트(388세대)는 바로 앞에 이마트가 있고, 성복역까지 10분 내로 걸어갈 수 있다. 대표적인 대형 평수 아파트는 2004년 입주한 신봉마을LG자이1차아파트(1,990세대)가 있다. 33평, 39평, 43평, 46평, 50평, 59평으로 구성됐다. 홍천초등학교를 품는 초품아여서, 단지 내에서 평수를 넓혀가며 오래 사는 거주민이 많다. 신축을 원한다면 2022년 입주한 수지스카이뷰 푸르지오아파트나, 힐스테이트광교산아파트에 관심 가지면 좋다.

성복지구와 신봉지구는 역에서 서쪽으로 갈수록 오르막이어서 마을 버스를 이용해야 하는 단점이 있지만, 지구 내에 상권과 학원이 있어 자체 인프라가 괜찮다. 중·고등학생은 수지구청역 학원가의 셔틀버스를 이용한다.

용인시가 기흥구 동백동에서 GTX 용인역을 거쳐 수지구 신봉동까지 잇는 철도 노선을 계획 중이다. 이 노선이 생긴다면 신봉지구의 숙원 사업이었던 교통 문제가 해결된다. 다만 주민의 기대와 다르게 아직 경기 도시철도망 구축계획에도 반영이 안 되어 많은 시간이 걸릴 것이다.


## 분당과 같은 생활권인 죽전지구

용인을 지나는 수인분당선 역 일대는 대부분 기흥구에 속하지만, 죽전역 주변의 보정동 지역만은 행정구역이 수지구다. 죽전지구는 분당 끝자락인 구미동 무지개마을과 접해있고 오리역의 인프라를 공유해 분당 생활권이라고 할 수 있다. 또 정자역과 수내역이 가까워 분당 학원가를 이용할 수 있는 장점이 있다.

죽전지구는 3개의 권역으로 나눌 수 있는데, 1권역이 신분당선과 수인분당선 사이에 위치해 더블 역세권으로 가장 시세가 높다. 권역 내에 초·중·고등학교도 품고 있고 주변에 하나로마트 등 편의

## 인프라가 좋고 분당과 붙어 있는 용인 죽전지구

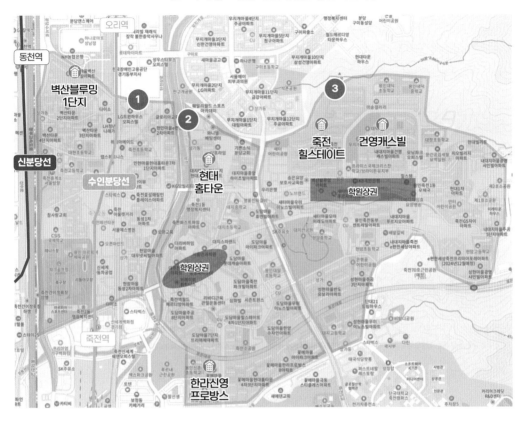

시설이 잘 갖춰져 있다. 역과 가장 가까운 수지벽산블루밍1단지아
파트가 대표 아파트로 꼽힌다.

2권역은 탄천을 경계로 1권역과 생활권이 분리된다. 천이나 큰
도로가 있으면 생활권이 다르게 형성되는 경우가 많다. 2권역 중
에는 오리역 역세권과 탄천의 자연환경을 집 앞에서 누릴 수 있는

2003년식 죽전현대홈타운3차2단지아파트(537세대)를 가장 선호한다. 남쪽으로 가면 2002년 입주한 꽃메마을 한라신영프로방스아파트(388세대)가 있다. 세대수가 작지만, 신촌초·신촌중학교 학군이다. 또 중대형 평형 구성, 1.78대의 넉넉한 주차대수로 자녀가 있는 학부모들이 많이 찾는 곳이다.

3권역은 점점 동쪽으로 갈수록 오르막이다. 신축인 2004년식 새터마을죽전힐스테이트아파트(1,998세대)와 2004년식 내대지건영캐스빌아파트(1,254세대)가 있다. 언뜻 보면 새터마을죽전힐스테이트아파트가 '힐스테이트'라는 브랜드와 단지 규모 때문에 비교우위를 차지할 것 같지만, 상품성이 좋은 내대지건영캐스빌아파트의 선호도가 더 높다. 왜 그럴까?

일단 새터마을죽전힐스테이트아파트는 35평 단일 평형 구성이다. 주차대수가 1.01대고 지하 주차장과 엘리베이터가 연결이 안 되어 있다. 내대지건영캐스빌아파트는 33평, 42평, 50평, 59평으로 구성이 다양하고 주차대수도 1.62다. 지하 주차장과 엘리베이터가 연결되어 있어 상품성도 더 높다. 평형 구성이 다양해야 수요층이 더 넓다. 또 비역세권 지역은 많이들 자가용 차량으로 출퇴근하기 때문에, 주차대수가 더욱 중요하다.

아파트가 나란히 옆에 있어도 브랜드로만 가치를 평가하지 말자. 지하 주차장과 엘리베이터 연결된 구축은 희소성이 있어서, 아파트 선택의 주요 기준이 된다. 시설, 더 나아가 평형 구성과 내부 구조까지 따져봐야 아파트의 가치 차이를 정확히 이해할 수 있다.

# 전통 명문 학군 신촌중학교가 있는 보정동

107만 명이 거주하는 용인에 백화점이 두 개 있는데, 그중 하나는 기흥구 죽전역에 위치한 신세계백화점이다. 신세계백화점 경기점은 2022년 기준 경기도 백화점 매출 2위를 기록하고 있다. 이 수치는 용인 사람들의 소득 수준이 높다는 걸 보여준다.

죽전역에서 걸어 나와 남쪽으로 펼쳐진 아기자기한 보정동 카페거리를 지나면, 100개가 넘는 학원이 밀집된 학원가가 있다. 이 학원가가 전통의 명문 신촌중학교를 뒷받침하고 있다. 신촌중학교를 갈 수 있는 독정초등학교, 신촌초등학교, 보정초등학교 주변 지역의 선호도가 높다.

보정동에서는 2004년식 죽현마을동원로얄듀크아파트(1,466세대)가 대표 아파트로 꼽힌다. 큰 길가인 용구대로의 소음은 있지만 역, 학원가, 학군, 상권, 카페거리, 이마트, 백화점 등 모든 인프라를 도보 10분 내로 이용할 수 있다. 옆에 있는 죽현마을아이파크아파트와 다르게 지하 주차장이 엘리베이터와 연결되어 1억 원 정도 가격 차이를 보인다.

요즘 카페거리로 이름 붙여진 골목이 많지만, 보정동 카페거리는 남다르다. 이국적인 분위기가 나는 독특한 카페와 레스토랑이 주택가 골목을 따라 즐비하다. 보정동 카페거리는 〈부부의 세계〉 같은 각종 드라마, CF 촬영 장소가 될 정도로 전국구 명소다. 보정동은 용인 시민들이 즐길 수 있는 주요 복합문화공간, 쇼핑 장소, 학군을 갖췄다. 게다가 용인플랫폼시티 호재로 많은 용인 시민들

## 신촌중 학군의 보정동

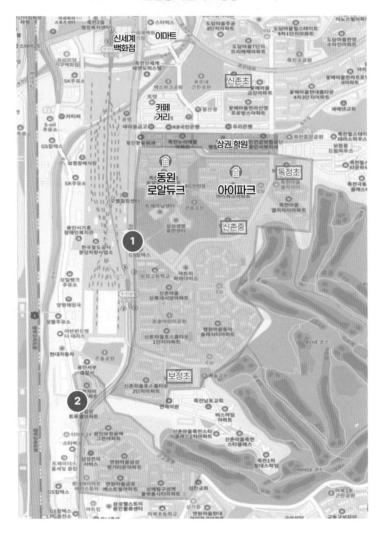

이 주거지로 보정동을 검토하고 있어 미래가 기대된다.

# 교통 호재 GTX-A 연계 노선인 신갈역, 기흥역

용인에서 많은 사람들의 이목이 집중된 곳은 GTX-A노선이 들어오는 용인역과 그 주변에 조성되는 용인플랫폼시티다. GTX-A노선을 타면 용인역에서 삼성역까지 13분 만에 갈 수 있다. 신분당선보다 빠르게 강남에 도착한다.

275만㎡ 규모인 용인플랫폼시티는 자족도시를 지향한다. 이곳에는 첨단지식산업체, 첨단제조산업체의 일자리와 함께 총 1만 세대를 수용하는 주거지역도 들어온다. 학교, 공원, 공공시설 등 도시기반시설도 포함한다. 용인플랫폼시티는 2029년 6월 준공 목표고, 최근 토지 보상 작업을 마무리하고 있다. 이 호재의 수혜를 받을 곳은 용인역 주변 어디일까? 용인역 역세권인 아파트에 직접적인 수혜가 있지만, 용인역 GTX 앞뒤 역들 중에 입지가 좋은 곳들도 그 수혜를 입을 것이다. GTX로 환승이 가능한 신갈역과 기흥역 일대를 지금부터 유심히 살펴보자.

기흥역이 위치한 1권역은 수인분당선과 에버라인 더블 역세권이다. 기흥역세권 도시개발사업으로 신축이 많은 깔끔한 택지가 조성됐다. 2018년식의 주상복합 힐스테이트기흥(976세대)이 1권역의 대표 아파트로 꼽힌다. 집과 지하철이 연결되어 있는 생활을 생각해 본 적이 있는가?

힐스테이트기흥은 엘리베이터를 통해 지하철을 이용할 수 있다. 집에서 텔레비전을 보면서 엘리베이터를 호출하고, 전철 시간에 맞춰 지하로 내려가면 기흥역이 나온다. 기흥역은 GTX-A 와 두

## GTX로 환승할 수 있는 신갈역, 기흥역 주변

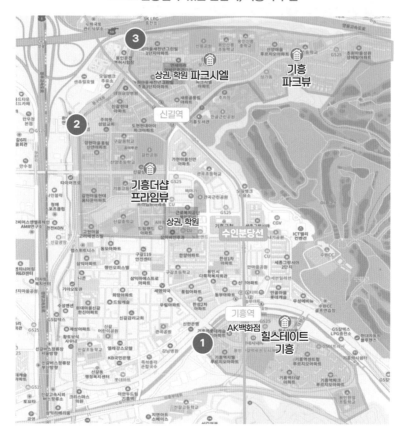

## AK몰과 함께 있는 기흥 택지지구

출처: 갓서블

정거장 차이여서, 손쉽게 GTX로 환승할 수 있다. 더군다나 이 아파트는 AK백화점이 연결되어 있어 진정한 의미의 슬세권(슬리퍼 상권)이다. 슬리퍼 신고 쇼핑하고, 영화 보고, 식사하고, 장까지 볼 수 있으니 말이다. 단점이라면 1권역에는 초등학교밖에 없어서, 중·고등학교가 멀다.

2권역의 2013년식 기흥더샵프라임뷰아파트(612세대)도 신갈역 역세권으로 입지가 좋다. 서쪽엔 초등학교, 중학교, 고등학교가 밀집되어 있고, 동쪽엔 상권과 학원가가 있어 생활에 부족함이 없다. 3권역에서는 신갈역 동쪽의 2004년식 파크시엘아파트(923세대)가 대표 아파트로 꼽힌다. 용인시립기흥도서관, 만골근린공원, 신릉공원이 가깝고 역과 근린상권 접근성도 훌륭하다. 학교를 마주보고 있어 생활 여건이 좋다. 2권역과 다르게 동쪽으로 갈수록 오르막이지만 기흥파크뷰아파트처럼 골프장을 남향으로 바라보는 즐거움이 있는 곳이다.


## 깔끔한 택지지구, 역북

처인구는 용인시에서 차지하는 면적의 비중이 70%가 넘지만, 인구는 26만 명으로 인구 밀도가 낮은 곳이다. 대부분 자연보전권역(한강수계의 수질과 녹지 등 자연환경을 보전할 필요가 있는 지역)으로 지정되어 있다. 서울 접근성도 떨어져 수지구, 기흥구에 비해 선호도가 뒤로 밀린다. 2023년 4월 경전철 에버라인이 개통됐고, 기흥역에서 수인분당선으로 환승할 수 있게 되면서 일부 처인구 지역은 교통이 개선됐다.

또 1장에서 짚었던 것과 같이 앞으로 처인구 원삼면에 용인 반도체 클러스터가 조성된다. SK하이닉스가 120조 원을 투자해 4개의 공장을 건설하기로 했다. 향후 삼성전자가 300조 원을 투자해 용인 처인구 남사면에도 반도체 클러스터를 조성할 계획이다. 이처럼 대규모 양질의 일자리 소식에 처인구를 바라보는 분위기가 달라지고 있다.

처인구는 에버라인을 따라 주거지역이 형성됐는데, 역북지구는 관심 가질 만하다. 용인은 난개발이 많아 전체적으로 신규 택지지구를 찾아보기 힘들다. 하지만 에버라인 명지대역이 있는 역북동에 신도시 느낌이 나는 곳이 생겼다. 역북지구 택지개발 사업으로 신축 아파트가 생기고, 상업지에 이마트와 롯데시네마 영화관, 학원가가 들어서 젊은 사람들에게 인기 있다.

역북의 대표 아파트는 2017년 입주한 우미린센트럴파크아파트(1,260세대)다. 함박초등학교를 품고 있는 초품아고, 북쪽에 있는 명지대역이 도보권인 아파트다. 동쪽으로는 상업지와 도서관, 이마트가 있고 남쪽으로는 공원이 있다. 역북지구 서쪽으로 조금 나가면 행정타운이 있는데 용인시청, 용인세무서, 용인교육지원청, 용인동부경찰서, 용인시처인구보건소, 용인우체국, 용인시선거관리위원회, 용인시법원 등 관공서가 밀집해 배후 수요가 풍부하다.

다만 역북동과 행정타운 사이 중간에 빈 땅이 방치되어 있어 허전한 느낌을 준다. 이곳에 약 69만m²에 인구 1만 4,700명(5,256세대)

# 많은 변화가 있을 역북지구

규모의 역삼 도시개발구역이 계획되어 있다. 현재 진행이 원활하지 않지만 개발이 완료되면 행정타운과 이어지며 역북지구의 가치가 한층 더 높아질 것이다.

| | ONE PICK | 특징 |
|---|---|---|
| 학군지 | 수지구 풍덕천동 신정마을상록7단지아파트 | 정평중학교로 배정되는 초품아면서, 풍덕고등학교와 수지구청역 학원가가 도보권인 아파트 |
| 변화 많은 곳 | 기흥구 마북동 삼거마을 삼성래미안1차아파트 | 용인플랫폼시티가 들어오며 주거환경이 변화하고 있는 GTX-A 도보권 아파트 |
| 실거주 | 수지구 성복동 성복역 롯데캐슬골드타운 (주상복합) | 롯데몰이 인근에 있는 성복역 초역세권 신축 |

# 수원,
# 수도권의 허리

| 인구 | 총 119만 5,718명(53만 5,400세대) |
|---|---|
| 행정구역별 인구 | 권선구(37만 명), 영통구(36만 명), 장안구(27만 명), 팔달구(19만 명) |
| 지하철 노선 | 1호선, 수인분당선, 인덕원동탄선(공사 중) |
| 평당가 | 1,815만 원(2024년 1월 기준) |
| 평균 소득 | 4,589만 원 |
| **특징** | **내부 수요가 탄탄한 삼성의 도시** |
| **대장 아파트** | **광교중흥S클래스아파트** |

　수원의 강남은 여태 영통지구였다. 영통지구는 삼성전자와 가까워서 직주근접이나 좋은 학군을 원하는 수요층에게 인기가 많았다. 그러나 세상에 영원한 것은 없듯이, 2016년 신분당선이 광교역까지 연장되면서 수원의 강남은 광교신도시로 넘어갔다. 광교신도시는 신분당선, 광교호수공원, 갤러리아백화점 광교점 등 모든 걸 갖춰서 수원 시민 모두가 원하는 지역이다. 다만 학군이 약해서 학부모들의 수요는 분당이나 수지구청역 쪽으로 옮겨가는 한계가 있다.

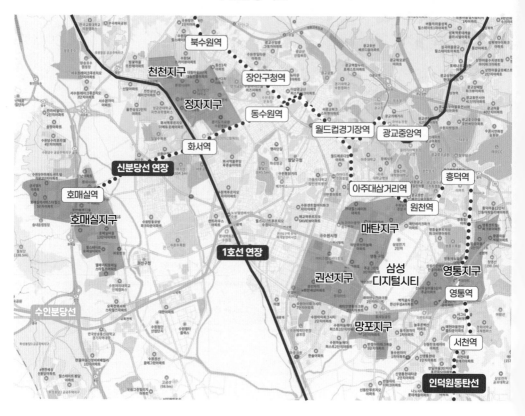

영통지구는 수원의 대표적인 학군지다. 수인분당선이 있어 교통이 좋고 관공서, 학원 등의 인프라가 잘 갖춰져 있다. 영통지구는 매탄지구, 권선지구와 연결되며 수원의 선호하는 주거 벨트 지역이다. 다만 이곳의 연식들이 오래돼서, 망포지구나 매교역 주변으로 신축을 찾는 수요가 옮겨가고 있다.

영통지구처럼 교육환경이 잘 갖춰진 곳이 한군데 더 있는데 장안구의 정자지구다. 정자지구는 화서역 역세권이고 영통지구처럼 학원가가 잘 갖춰져 있어 가성비 학군지로 꼽힌다. 중학교 실적은 여타 1기 신도시에 비해 뒤지지 않지만, 20평 전세 가격이 2억 원대에 형성되어 있다. 게다가 화서역 주변에 스타필드 수원, 화서역 파크푸르지오 주상복합이 들어섰고, 신분당선을 연장하는 등 좋은 소식이 많아 수원시민들의 관심을 받는 곳이다.

신분당선 연장은 서수원에 위치한 호매실지구까지 이어진다. 호매실지구는 깔끔한 신규 택지지구지만 수원의 중심보다는 서쪽으로 떨어져있다. 교통이 불편했는데 계획된 신분당선 연장 착공이 진행된다면 입지 가치가 상승할 곳이다.

수원 구도심 전철망은 1호선과 수인분당선이 있었다. 장안구는 수원 북쪽에 있어 서울과 물리적인 거리는 가깝지만 전철망이 없어 교통이 불편했다. 2026년에 인덕원동탄선이 추가 개통될 예정이니 장안구청역과 북수원역 주변도 관심 가질 만하다. 인덕원동탄선은 북쪽으로 의왕을 거쳐 인덕원까지 연결된다. 인덕원역에서 향후 월곶판교선과 GTX–C를 갈아탈 수 있어 서울 주요 일자리로의 접근성이 획기적으로 향상될 것이다.

## 나, 광교 살아요

2기 신도시인 광교는 수원시 영통구 이의동·하동·원천동과 용인시 일부를 포함한다. 2016년도에 신분당선이 연장되면서 광교중앙역과 광교역이 신설되었다. 강남에서부터 쭉 이어져 판교, 용인을 거쳐 광교까지 내려오는데, 주요 일자리인 판교역과 강남을 30분 이내로 갈 수 있다. 신분당선은 분당과 용인의 대표 학원가인 정자역과 수지구청역을 지나서 학원갈 때도 많이 이용하는 황금노선이다. 11.3㎢ 면적에 약 3만 1,000가구가 거주하고 있다.

무엇보다 광교의 랜드마크는 광교호수공원이다. 광교호수공원은 일산호수공원의 1.7배에 이를 만큼 규모도 커서 주민들의 삶의 질과 입지 가치를 높여준다. 광교호수공원 주변에는 다양한 산책코스와 인기 있는 식당, 커피숍들이 있어 인근 지역에서도 찾아오는 명소다. 갤러리아백화점, 롯데아울렛이 있고 경기도청의 경기도융합타운, 광교테크노밸리, 수원 광교법조타운의 일자리도 있다. 아주대학교병원 등의 인프라에 더해 주거지가 깔끔하게 구획되어 있어 여타 신도시에 비해 부족할 게 없다.

2012년에 입주해서 상품성도 나름 괜찮다. 이처럼 거주환경과 상품성이 판교, 분당, 용인에 비해 앞서지만 사람들이 광교로 내려오지 않는 이유가 있다. 광교는 서울과 물리적인 거리가 멀고 학군이 약하다는 평가가 있기 때문이다. 이의동 에듀타운 사거리에 학원가가 있지만 규모가 작고, 중학교 특목고 실적이 분당과 용인의 학군에 비해 좋지 못하다. 또 고등학교 수가 적어서 광교에 사는데도 학교가 수원 원도심으로 배정될 가능성이 있다. 자녀가 초등학교 고학년이 되면 중학교, 고등학교 진학을 위해 용인이나 분당으로 이사를 해야 하나 한번쯤 생각하게 되는 곳이다.

## 광교 입지의 핵심인 신분당선과 광교호수공원 일대

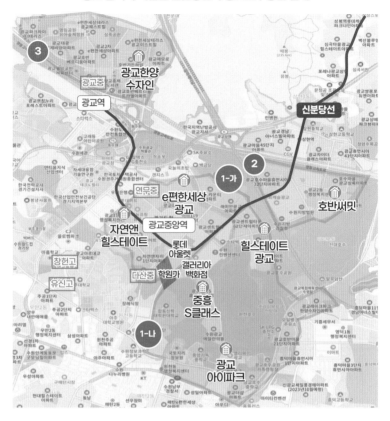

## 광교호수 주변 아파트 풍경

광교신도시는 크게 4권역으로 나눌 수 있다. 1-가 권역과 1-나 권역은 모두 광교신도시에서 1군 지역이지만, 입지 특성이 다르다. 1-가 권역은 역세권이고, 1-나 권역은 광교호수권이다.

　　1-가 권역은 신분당선인 광교중앙역 부근으로 교통이 특히 좋다. 다산중학교, 연무중학교 학군에 에듀타운사거리 학원가가 있어 광교에서 교육환경이 좋은 편이다. 롯데아울렛과 갤러리아백화점, 광교 호수까지도 도보권인 완벽한 입지를 자랑한다. 광교의 대표 아파트는 2012년식 자연앤힐스테이트아파트(1,764세대)고 2024년 1월 기준 33평 매매가는 14억 원, 전세가는 7억 7,000만 원이다. 자연앤힐스테이트아파트는 중소형 평형 구성이다.

　　만일 중대형 평형을 선호한다면, e편한세상광교아파트를 추천한다. 남쪽에 광교중앙역과 아브뉴프랑 광교점 상권이 있다. 동쪽에는 산의초등학교와 광교호수가 있고, 북쪽은 천변(냇물의 주변)이어서 입지가 훌륭하다.

　　1-나 권역은 광교호수공원과 가깝다. 역세권이 가장 시세가 높을 것 같지만, 광교호수를 조망할 수 있는 광교중흥S클래스아파트의 시세가 가장 높다. 2019년식 광교중흥S클래스아파트(2,231세대)의 2024년 1월 기준 35평 매매가는 14억 7,000만 원, 전세가는 7억 5,000만 원이다. 광교호수 주변엔 일명 '핫플(사람이 많이 모인 번화가)'이 많은데 주상복합 힐스테이트광교의 스트리트형 상가와 광교아이파크아파트의 엘리웨이 상가도 그중 하나다. 주말이면 주차하기 힘든 광교호수공원을 이 두 아파트에 살면 내 집 앞마당처럼 이용할 수 있다.

2권역은 신대호수 주변에 있는 호수마을이다. 지도에서 보듯이 주거지는 많지 않고 수원지방법원, 수원지방검찰청 근처 광교법조타운, 상권지가 반절을 차지하고 있다. 이의초등학교, 이의중학교, 이의고등학교가 있고 상업지와 떨어져 있는 광교호수마을 호반써밋아파트는 좀 더 한적하고 평화롭다. 수원이지만 용인 상현동과 접해 있어 용인 상현역의 교통망을 이용한다.

3권역은 웰빙타운으로 광교산 자락과 공원들에 둘러싸여 있어 이름 그대로 녹지가 풍부하고 아늑하다. 타운하우스와 고급 주택단지들이 있고, 하천과 웰빙체육센터가 있어 중장년층도 선호하는 곳이다. 대표 아파트로는 광교역과 가까운 광교한양수자인아파트를 꼽는다. 주변에 좋은 실적을 내는 광교중학교와 도서관이 있다. 조용한 분위기로 교육환경이 좋다. 3권역은 아무래도 다른 권역에 비해 주거 밀집도가 약하고 규모가 작은 편이다. 광교에 실거주와 투자를 고려한다면 1권역부터 검토하는 걸 추천한다.


## 수원의 강남이었던 영통구

영통구의 영통지구는 광교신도시가 들어오기 전까지 수원의 강남이었다. 우리나라를 대표하는 기업인 삼성전자 본사와 삼성전자 사업장이 있어 고소득 대기업 직장인이 영통동과 매탄동에 많이 거주했기 때문이다.

영통동에는 수인분당선인 청명역, 영통역이 있다. 지하철과 광역버스로 강남까지 약 50분 전후로 갈 수 있어 강남 접근성도 괜찮다. 특히 영통역 주변에는 홈플러스, 롯데마트, 메가박스 등의 중심상권이 있고 동수원세무서, 수원출입국외국인청 같은 관공서도 있어 인프라가 훌륭하다. 영통역에 기존 수인분당선 외에 인덕원동탄선이 들어오는 호재도 있다.

무엇보다 영통동은 영통 학군으로 명성을 떨치고 있다. 영일중학교, 영덕중학교, 태장중학교, 영통중학교가 수원을 대표하는 4대 중학교로 꼽힌다. 이 중 영일중학교와 영덕중학교는 지금도 전국 100위권 안에 드는 명문이다. 수원 소재 중학교는 평촌이나 일산의 중학교 못지않게 우수하다는 평이다. 영통역 주변에는 학원가가 있다. 다만 영통역 주변은 상업지역이라서 평촌과 일산처럼 단일 학원가를 형성하지 못하고 유흥시설과 혼재해 있는 부분이 영통 학군의 한계라 할 수 있다.

영통동은 총 3개의 권역으로 나눌 수 있다. 1권역은 수인분당선 청명역 역세권이고, 대표 아파트로는 청명마을대우아파트가 있다. 차도를 건너지 않고 영덕초등학교와 수원의 최고 명문인 영덕중학교, 청명고등학교를 갈 수 있다. 도서관도 있어 최고의 교육환경을 자랑한다. 도보로 영통역 학원가를 갈 수 있는 것은 덤이다. 또 북쪽엔 식물원이 있는 영흥공원이 생겨 녹지공간도 있다. 1권역은 입지 요소로 선호할 만한 조건을 다 갖췄다.

2권역은 거주지 규모가 가장 크고, 많은 학교들이 몰려 있다. 봉명로를 기준으로 서쪽은 상업지역과 떨어져 있고 구획이 잘 나누어져 있어 쾌적하고 주거지로 안정적인 느낌이 드는 곳이다. 2권역

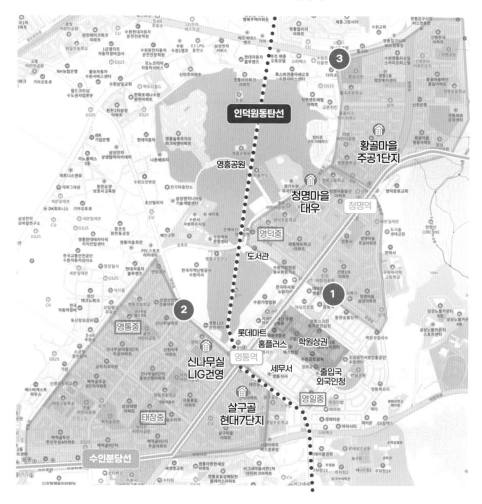

대표로는 영통역과 가장 가까운 신나무실LIG건영아파트가 있다.

봉명로 동쪽은 규모가 작지만 상업지와 가까워 생활 편의성이 좋다. 하지만 시끌벅적한 걸 좋아하지 않으면 단점이 될 수 있다. 살구골공원을 가로질러 영일초등학교와 명문 영일중학교를 등교할 수 있는 것도 장점이다. 초역세권인 살구골현대7단지아파트가 대표로 꼽힌다.

3권역은 중심상권과 가장 멀어 상대적으로 입지 조건이 미흡하다. 봉명로 동쪽은 산으로 막혀 있다. 서쪽은 학교, 근린상권, 공원으로 확장되어 주거지로서 입지가 더 좋다. 대표 아파트로는 청명역 역세권인 황골마을주공1단지아파트를 꼽을 수 있다.

## 영통동을 뛰어 넘으려는 매탄동

영통구의 매탄동은 매탄권선역과 수원시청역 북쪽 권역에 있다. 수원시청역은 상권이 활성화됐지만, 거주민을 위한 상권이 아니라 술 상권에 가까운 유흥지역이다. 매탄동은 학원가와 명문 학교가 없고 무엇보다 영통동에 비해 쾌적하지 못한 환경으로 선호도가 떨어진다. 하지만 삼성전자 직주근접 지역이고, 영통지구보다 10년 뒤에 생겨 상품성이 더 좋은 편이다.

매탄동을 3개 권역으로 나눠서 살펴보자. 매탄동 1권역은 동쪽에는 삼성전자(삼성 디지털시티), 서쪽에는 공원과 경기아트센터, 남쪽에는 수인분당선이 있어 가장 입지가 좋다. 대표 아파트로는 대단지인 매탄위브하늘채아파트(3,391세대)가 있다. 초등학교, 중학교를 단지 안에 품고 있고 고등학교도 도보권으로 교육환경이 좋다. 서쪽의 동수원로가 왕복 8차선이지만 육교로 건너 효원공원의 자연환경을 편하게 누릴 수 있다.

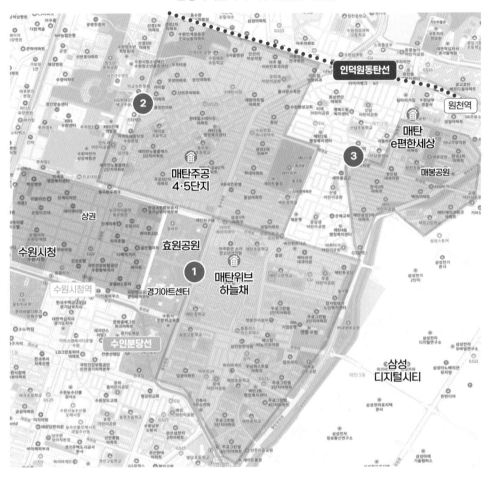

삼성디지털시티 직주 근접인 매탄동

2권역은 1980년대부터 지어진 아파트들과 2006~2009년식 매탄현대힐스테이트아파트, 래미안노블클래스아파트 등의 기축이 섞여 있다. 역과 거리가 있어 1권역보다 선호하지 않지만 변화가 일어나고 있다. 매탄주공4·5단지 통합 재건축이 진행 중이다. 2024년 하반기에 일반분양 예정인데 수요가 꾸준한 영통동, 매탄동의 대단지 신축이라 많은 수원 시민들의 관심을 받고 있다. 4,002세대 규모 브랜드 신축이 들어서면 영통동의 최고가를 뛰어넘을 것이다.

3권역은 매탄동에서 역과 가장 떨어져 있지만, 도보권으로 광교호수를 이용할 수 있는 광교 생활권이다. 3권역에서 도로 하나만 건너면 광교다. 대표 아파트는 매탄e편한세상아파트다. 초등학교와 중학교를 끼고 있고, 동쪽에 매봉공원이 있다. 권역 내에 인프라가 많이 없고 주변 빌라와 섞여 있어 주거환경은 좋지 않지만, 광교 앨리웨이를 도보로 이용 가능해 부족한 상권을 채우고 있다. 무엇보다 도보권에 인덕원동탄선이 생겨 추후 신분당선이나 GTX-C노선으로 환승할 수 있게 될 곳이다.

## 신축 수요를 채워줄 수원의 새 택지지구

영통동과 매탄동의 입지 조건이 좋지만, 아파트 상품성이 떨어져 고민하는 분들을 위해 신규 택지지구를 소개하려 한다. 망포역힐스테이트영통아파트가 있는 망포지구, 매교역푸르지오SK뷰아파트가 있는 팔달 재개발지구, 수원하늘채더퍼스트아파트가 있는 곡선지구, 마지막으로 수원아이파크시티아파트 단지다.

입지 순으로 정리하자면 망포지구 〉 팔달 재개발지구 〉 곡선지구 〉 수원아이파크시티아파트 단지다. 망포지구의 대표 아파트는 2017년식 힐스테이트영통아파트다. 망포역 역세권이며 2,140세대 대단지다. 동쪽에 공원, 북쪽에 이마트, 남쪽에 초등학교, 중학교와 학원가가 있다. 또 한 정거장만 가면 영통역의 학원가를 이용할 수 있다. 망포지구가 계속 확장되며 쾌적한 신도시를 형성하고 있다.

그 다음은 매교역 주변으로 형성된 팔달 재개발지구다. 망포지구와 근접해 비교를 많이 한다. 입지는 동서남북에 뭐가 있는지가 중요하다. 망포지구는 북쪽에 삼성전자, 동쪽에 영통동의 학원가 인프라, 서쪽에는 원천리천과 곡선지구가 있다. 반면 팔달 재개발지구는 원도심의 낙후된 주거지를 정비사업을 통해 신축으로 바꾼 것이라, 주변에 이용할 수 있는 인프라가 제한적이다. 망포지구의 입지가 객관적으로 더 좋다고 할 수 있다. 이렇듯 새로운 택지가 들어오면 인접한 곳의 학원, 상업, 공공기관의 생활기반시설 등을 함께 확인하면서 입지 가치를 판단해야 한다.

팔달 재개발지구의 대표 아파트는 2022년에 입주한 매교역푸르지오SK뷰아파트다. 매교역 초역세권에 3,603세대 규모 대단지를 자랑한다. 곧 개교할 매교초등학교를 포함해 초등학교, 중학교, 고등학교를 품고 있다. 다만 재개발 지구는 상업용지를 따로 만들지 않아서, 규모에 비해 상업 인프라가 부족한 편이다.

아이파크시티를 살펴보자. 세계적 건축가인 네덜란드의 벤 판 베르켈이 설계를 하여 독특한 디자인을 자랑하고 있는 곳이다. 1호선 세류역에 가까운 수원아이파크시티7단지를 빼고는 비역세권이지만, 12단지까지 총 7,000여 세대를 수용하는 대규모 브랜드 아파트 타운이다. 그래서 이름도 아이파크'시티'다. 20평대부터 79평까지 다양한 평형으로 이루어져 선택의 폭이 넓은 것이 장점이다. 아이파크시티에서는 수원아이파크시티4단지아파트가 대표 아파트

**상품성 좋은 신축이 들어설 수원 구도심 주변의 택지지구들**

로 꼽힌다. 아이파크시티 한가운데 있고, 건너편 상권 접근성이 좋다. 초등학교도 가깝다. 다만 세류역 서쪽에 수원전투비행장이 있어 소음 문제가 있고, 규모에 비해 자체 상권이 부족한 게 단점이다. 아이파크시티는 입주한 지 10년이 넘었기에 좀 더 신축을 찾고자 하면 망포지구와 아이파크시티 사이에 있는 곡선지구를 주목할 필요가 있다. 논밭이었던 곳에 수원 하늘채더퍼스트1·2단지아파트가 3,236세대 규모로 2021년에 들어섰다. 역과 초등학교의 접근성을 감안하면 하늘채더퍼스트아파트 2단지보다 1단지 입지가 더 좋다고 할 수 있다.

# 서울 가는 길목의 북수원

수원에서 선호하는 권역들은 광교, 영통동, 매탄동, 망포지구 등 대체로 동쪽으로 치우친 경향이 있다. 그래서 권선구와 장안구, 팔달구는 관심이 덜한 게 사실이다. 수원의 북수원 생활권에 속하는 장안구는 1호선의 화서역과 성균관대역 2개 역밖에 없고, 그마저도 서쪽 경계를 지나 나머지 권역은 비역세권에 해당하는 곳이다. 아파트의 가치는 입지와 상품성으로 정해지는데, 교통과 환경 등이 좋아지는 입지 가치와, 신축이 들어서는 상품성이 바뀐다면 그곳은 주목해도 좋다. 북수원의 권역이 이에 해당하니 집중해서 살펴보자.

북수원의 장안구에는 인덕원동탄선이 공사 중이다. 신분당선은 광교중앙역에서 호매실지구까지 연장될 계획이다. 단순한 트램이 아니고 무려 강남까지 가는 신분당선에 연결되는 굵직한 노선이다. 장안구에서는 화서역 주변의 정자지구가 영통지구에 이어 선호하는 학군지다. 화서역 주변에 스타필드가 들어서고, 화서역파크푸르지오아파트와 주상복합 화서역푸르지오브리시엘 신축이 들어서 광교를 제외하고 수원에서 가장 높은 시세를 형성할 것으로 보인다. 이곳을 제외한 정자지구는 연식이 20년 넘어 떨어지는 상품성이 단점이다.

정자동 북쪽에 대규모 신축이 들어서고 있다. 2013년식 수원SK스카이뷰아파트(3,498세대)와 2024년 3월 입주하는 북수원자이렉스비아아파트(2,607세대)다. 500세대 이하 아파트는 사람들 눈에

## 스타필드가 있는 인기 주거지 정자지구

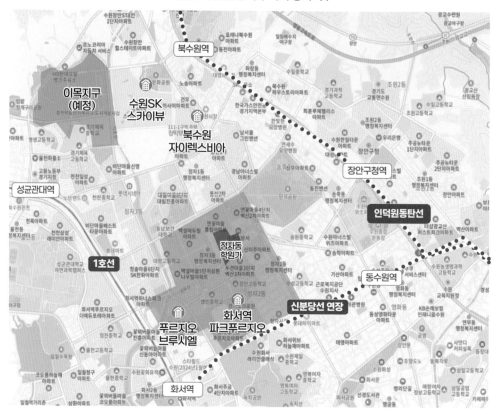

## 정자지구 녹지공간의 싱그러움을 누릴 수 있는 만석 공원

출처: 갓서블

잘 띄지 않고, 심지어 아파트 존재도 잊히는 경우가 많다. 하지만 2,000~3,000세대급의 대단지라면 그 지역의 랜드마크가 되고 사람들의 입에 오르락내리락한다. 대단지는 커뮤니티와 단지 상가 등 자체 인프라를 가지고 있기 때문이다.

또 교통 호재로 입지 가치가 변하고 있는데 동쪽에 인덕원동탄선 북수원역이 생긴다. 다섯 개 역만 가면 인덕원역을 통해 추후 월곶판교선과 GTX-C노선으로, 두 정류장만 아래로 내려가면 신분당선으로 환승할 수 있다. 또한 서쪽으로는 서호천 건너 이목지구가 약 4,200세대 규모로 들어선다. 이목지구는 에듀타운 특화지구답게 초등학교, 공공도서관, 학원가도 함께 계획되어 있어 주거환경이 더 좋아지고 있다. 이렇게 시설 개선으로 상품성이 올라가고, 교통과 주거환경이 좋아지며 입지 가치가 변하는 곳에 관심 가지자. 왜? 현재 가치보다 미래 가치가 좋아질 것이기 때문이다.

| 갓서블의<br>수원 ONE PICK! | ONE PICK | 특징 |
| --- | --- | --- |
| 학군지 | 영통구 영통동<br>영통에듀파크아파트 | 영통역 학원가를 도보로 이용할 수 있고<br>도서관이 인접한, 명문 영덕중학교 배정의 초품아 |
| 변화 많은 곳 | 장안구 정자동<br>수원SK스카이뷰아파트 | 동쪽으로는 인덕원동탄선이 신설되고,<br>남쪽으로는 2,600세대 신축이 들어오고,<br>서쪽에서는 이목지구를 개발 중인 아파트 |
| 실거주 | 영통구 이의동<br>광교자연앤힐스테이트<br>아파트 | 초·중·고등학교, 학원가와 인접하고,<br>광교호수와 백화점 등 모든 게 도보권인<br>신분당선 초역세권 아파트 |

# 화성,
# 젊은 부부가 바라는 도시

| 인구 | 총 93만 7,189명(40만 4,000세대) |
|---|---|
| 지하철 노선 | SRT, GTX-A(공사 중),<br>인덕원동탄선(공사 중), 서해선(공사 중) |
| 평당가 | 1,671만 원(2024년 1월 기준) |
| 평균 소득 | 4,902만 원 |
| **특징** | **동탄1신도시와 동탄2신도시에 수요가 집중된 도시** |
| **대장 아파트** | **동탄역롯데캐슬(주상복합)** |

화성시는 총 4개의 읍과 9개의 면, 15개의 행정동이 있는 경기 남부를 대표하는 도시다. '화성' 하면 보통 동탄신도시를 가장 먼저 떠올린다. 동탄신도시는 없는 게 없고 30~40대 거주자 비율이 높아 젊은 부부가 모두 원하는 주거지다.

경부고속도로 서쪽의 동탄1신도시는 2007~2009년에 입주했다. 동탄1신도시는 삼성전자 사업장 직주근접이고 또 동탄센트럴파크, 타임테라스 상권, 학원가 등 인프라가 좋다. 다만 연식이 오래되어 2015년 이후 입주한 동탄2신도시로 많은 가구가 옮겨갔다. 동탄2신도시는 동탄역과 근접하고 백화점, 동탄호수공원 등의 인

## 화성 한장 지도

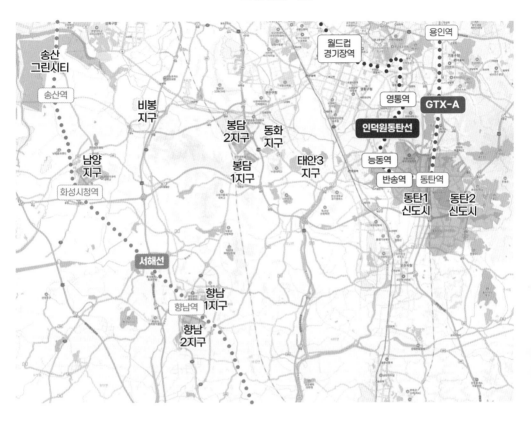

프라가 있어 더 선호도가 높다. 동탄2신도시는 24㎢ 면적에 약 12만 가구가 거주한다. 평촌신도시의 면적이 5.1㎢라는 걸 생각하면 굉장히 큰 규모고 실제로 동탄은 수도권에서 가장 큰 신도시다.

동탄 외에는 화성 북쪽에 봉담1지구와 봉담2지구가 있다. 봉담 IC가 인접해 있고, 수원과 지리적으로 붙어서 수도권 접근성이 좋다. 봉담2지구와 옆의 동화지구에 신축이 들어서고 있는데, 이곳에는 교통 호재도 있다. 4차 국가철도망 구축계획에 신규사업으로 신분당선 연장(호매실~봉담)이 포함됐다. 그러나 현재 호매실까지도 연장되지 않은 상황이라 많은 시간을 두고 지켜봐야 할 듯하다.

2018년식 새솔동 송산그린시티는 주거환경이 쾌적해 2만 5,000여 명이 거주하고 있다. 또 새솔동 서쪽 4.1k㎡ 부지에는 국제테마파크가 들어설 예정이다. 신세계그룹이 이곳에 놀이동산, 워터파크, 스타필드, 호텔 등을 갖춘 복합관광단지를 계획 중이다.

화성은 산업단지가 군데군데 흩어져 있는데, 산업단지 주변에 주거지도 함께 있다. 향남제약일반산업단지의 주변에는 향남1지구·2지구가 있다. 2008년 이후 입주해 연식이 오래됐지만, 화성 최고의 명문 화성고등학교가 있다. 또 생활 인프라가 잘 갖춰져 있어 약 8만 명이 이곳에 거주하며 내부 수요를 만들고 있다.

2024년에 향남역이 생기며 향남1지구와 향남2지구가 서해선으로 연결될 예정이다. 무려 충청남도 홍성에서 송산역까지 공사가 진행 중이다. 서해선이 개통되면 향남역에서 김포공항역을 지나 일산역까지 한 번에 갈 수 있게 된다.


## 학군 빼고 완벽한 동탄2신도시

동탄2신도시의 대표 아파트는 2021년식 동탄역롯데캐슬(940세대)이다. 2024년 1월 기준 34평 매매가는 16억 2,000만 원, 전세가는 6억 3,000만 원이다. 주상복합이고 롯데백화점과 동탄역을 연결

## 동탄역 주변의 북동탄과 동탄호수 공원 근처의 남동탄으로 나누어지는 동탄2신도시

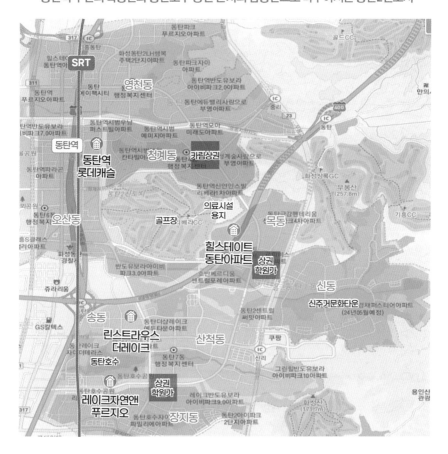

## 동탄호수와 동탄 린스트라우스더레이크아파트

출처: 갓서블

된 지하를 통해 갈 수 있다는 점이 특징이다. 기존 SRT 노선 외에도 동탄역에는 2024년 GTX-A노선이 개통되고, 2027년에는 인덕원동탄선 개통도 앞두고 있다. 또한 동탄신도시를 구석구석 연결할 동탄도시철도(동탄 트램)의 동탄역이 2028년 개통 예정이다.

화성시 오산동은 동탄역을 사이에 두고 경부고속도로로 단절되어 이동이 불편했다. 그러나 동탄역 서쪽 1.2㎞ 구간을 동탄터널로 지하화하고 상부에 공원을 조성하면서, 오산동 좌측 생활권 아파트는 동탄역 접근성이 좋아졌다. 마치 성남의 이매동과 백현동이 굿모닝파크 공원으로 연결되는 것과 같다. 청계동은 시범단지 권역으로 동탄역 접근성이 좋고 청계중앙공원, 초·중·고등학교, 도서관, 학원가, 카림상권이 있어 주거지로서 가장 선호되는 곳이다.

리베라 골프장을 지나면 남쪽에 있는 동탄호수 생활권으로 가보자. 동탄호수 생활권은 인프라가 잘 갖추어져 있으나 동탄역까지 접근성이 떨어지는 게 단점이었다. 하지만 동탄도시철도가 경기도 트램 중에서 가장 빠르게 진행되고 있어 거주민의 기대가 높다. 동탄호수를 거실에서 조망하는 송동의 2019년식 동탄린스트라우스더레이크아파트가 대표 아파트로 뽑힌다. 동탄린스트라우스더레이크아파트는 956세대고, 2024년 1월 기준 39평 매매가는 12억 5,000만 원, 전세가는 6억 원이다.

장지동은 동탄호수는 가깝지만 상대적으로 상업시설이 부족했는데, 라크몽과 동탄그랑파사쥬가 생기면서 생활 편의성이 좋아졌다. 라크몽은 디스커버리 네이처스케이프, 애니멀 테마파크 등이 입점한 복합문화상업 건물이다. 이를 도보로 이용할 수 있는 2020

년식 신축 동탄레이크자연앤푸르지오아파트가 장지동의 대표 아파트다.

동탄호수 동쪽의 산척동은 부영타운이다. 이곳에 더레이크시티 부영아파트가 6단지까지 들어왔다. 초기에는 미분양이 많았으나 동탄호수로 이어지는 송방천의 자연환경이 있고, 상업시설과 학원가가 조성되면서 선호하는 곳이 되었다. 산척동은 동탄호수와 거리가 멀어서 시세가 낮게 형성되는 권역이라는 점도 참고하자.

산척동 동쪽의 목동은 동탄2신도시의 외곽지였다. 하지만 동탄의 마지막 특별계획지구인 신동 신주거문화타운이 들어서며 위치가 외곽에서 가운데로 바뀌었다. 목동 북쪽엔 동탄 특별계획구역 중 의료시설 용지가 있는데 여기에 종합병원과 실버타운이 예정되어있어 목동 내의 학원가, 상업시설 인프라와 함께 시너지가 기대되는 곳이다.

동탄은 백화점, 학원가, 공원 등으로 없는 게 없어 정주 여건이 무척 좋지만, 학군이 약점으로 꼽힌다. 화성은 비평준화 지역이라 동탄 바깥에 위치한 명문인 화성고등학교, 병점고등학교로 동탄의 우수 학군 자원이 빠져나가는 경향이 있다. 동탄은 소득 수준이 높아 교육열이 높은 편이고 학군 때문에 수원, 용인, 성남 분당으로 이사를 고민하는 경우가 많다. 마침 화성시에서 고교평준화를 추진하고 있다. 고교평준화가 되면 동탄 내에 위치한 동탄중앙고등학교, 반송고등학교 등에 최상위권 학생들이 몰려 학군이 한 단계 도약할 확률이 높다.

# 삼성전자 직주근접, 동탄1신도시

동탄은 자체 일자리가 풍부해 수요가 넘치는 곳이다. 경기도에서 '종사자 수÷인구 수' 값을 구하면 화성이 단연 1등이다. 단순히 일자리가 많은 게 아니라 양질의 일자리가 많다. 예당마을 북쪽에 삼성전자 화성캠퍼스가 있다. 동탄신도시에서는 삼성전자 기흥캠퍼스, 삼성디스플레이, 한미약품 연구소, 동탄테크노밸리 내의 대기업 연구소, 수원의 삼성전자를 20분 내외로 갈 수 있다. 평택 삼성전자 캠퍼스도 35분 내외로 갈 수 있다. 가히 우리나라 굴지의 대기업이 몰려 있다고 할 수 있다. 동탄신도시 근처에 용인반도체 클러스터까지 들어오면 약 3만 명 이상의 일자리가 더 생겨 동탄의 수요는 더 차고 넘칠 것이다.

동탄1신도시에서 예당마을은 삼성전자 화성캠퍼스를 도보로 이용할 수 있어 한빛마을과 함께 삼성전자 직원들이 많이 거주하는 곳이다. 인근 부동산 소장님이 이곳 주민 10명 중 7명은 삼성전자 직원이라는 이야기를 할 정도다. 또 동탄1신도시에서는 광역버스로 강남, 여의도까지 50분 이내에 출퇴근할 수 있다. 광역버스는 동탄중앙로를 따라 나루마을부터 위로 올라가는데, 북쪽으로 갈수록 출퇴근 시간에 탑승이 힘들어지는 애로사항이 있다.

동탄1신도시의 중앙에는 상업시설인 타임테라스가 위치해 있다. 타임테라스를 끼고 있는 메타폴리스는 주상복합이다. 최고층이 66층으로 멀리 수원, 시흥에서도 보여서 랜드마크로 꼽힌다. 인덕원동탄선인 반송역이 한빛마을에 인접하게 되면서, 2007년식 동

## 녹지공간이 많은 동탄1신도시

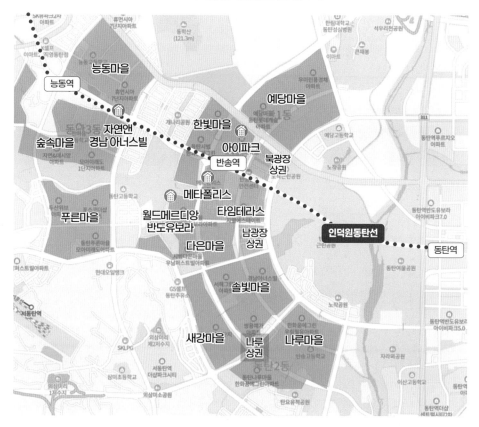

탄아이파크아파트(748세대)가 동탄1신도시의 대표 아파트로 떠올랐다. 동탄아이파크아파트의 2024년 1월 기준 매매가는 8억 원, 전세가는 4억 3,000만 원이다. 동탄에서 가장 큰 공원인 센트럴파크 품에 안겨 있는 동탄시범다은마을 월드메르디앙반도유보라아파트도 인기가 많다.

타임테라스를 중심으로 북쪽 상권을 북광장 상권, 남쪽을 남광장 상권이라고 한다. 이곳 상권은 동탄2신도시와 다르게 유흥시설이 뒤섞여 쾌적하진 않지만 학원가 규모가 큰 편이다. 교육환경을 우선순위에 두는 학부모는 솔빛마을 남쪽의 나루 상권 주변을 찾는다. 유해시설 없이 학원가가 주를 이루고, 학군으로 선호하는 솔빛중학교와, 반송중학교를 도보로 이용할 수 있는 학학주(학교와 학원이 가까운) 권역이기 때문이다. 도서관도 근처에 있다.

동탄1신도시 외곽에 위치해 있지만, 인덕원동탄선이 들어서는 능동역 주변 숲속마을도 공세권(공원이 인접한 곳), 숲세권(숲이 인접한 곳)으로 탄탄한 수요가 있다. 숲속마을에서는 자연앤경남아너스빌 아파트가 대표로 꼽힌다. 북쪽의 상업시설, 동쪽의 초등학교와 개나리공원 상가 인프라가 좋기 때문이다.

**동탄 메타폴리스 전경**

출처: 갓서블

갓서블의
화성 ONE PICK!

| | ONE PICK | 특징 |
|---|---|---|
| 학군지 | 청계동 동탄역시범호반써밋아파트 | 초·중·고등학교와 학원가, 도서관을 5분 이내로 갈 수 있는 아파트 |
| 변화 많은 곳 | 오산동 동탄역반도유보라아이비 파크8.0아파트 | 경부고속도로 지하화로 동탄역 접근성이 좋아지면서 동탄역 출구 도보권이 될 아파트 |
| 실거주 | 송동 동탄린스트라우스더레이크아파트 | 피그먼트동탄레이크꼬모점 상가 인프라를 누릴 수 있는 호수 뷰 아파트 |

# 안산, 신안산선의 지각변동

| | |
|---|---|
| 인구 | 총 63만 3,417명(28만 9,900세대) |
| 행정구역별 인구 | 단원구(29만 명), 상록구(34만 명) |
| 지하철 노선 | 4호선, 수인분당선, 서해선, 신안산선(공사 중) |
| 평당가 | 1,563만 원(2024년 1월 기준) |
| 평균 소득 | 3,383만 원 |
| **특징** | **모든 인프라가 고잔신도시에 집중된 구조** |
| **대장 아파트** | **힐스테이트중앙아파트** |

안산은 반원국가산업단지와 시화국가산업단지가 있는 수도권 최대의 공업도시이다. 인구당 종사자 수는 경기도에서 화성, 이천, 성남에 이어 4위를 차지하는 곳으로 일자리가 많은 자족도시다. 다만 일자리 수에 비해 소득 수준은 높지 않은 편이고, 산업단지가 도시 면적의 3분의 1을 차지하고 있어 환경이 쾌적하지는 않다. 또 안산은 외국인 인구 비중이 높은 곳으로 알려져 주거지로서 이미지는 썩 좋지 않은 편이다.

현재 철도망은 수인분당선, 서해선, 4호선이 있지만, 서울의 3

## 안산 한 장 지도

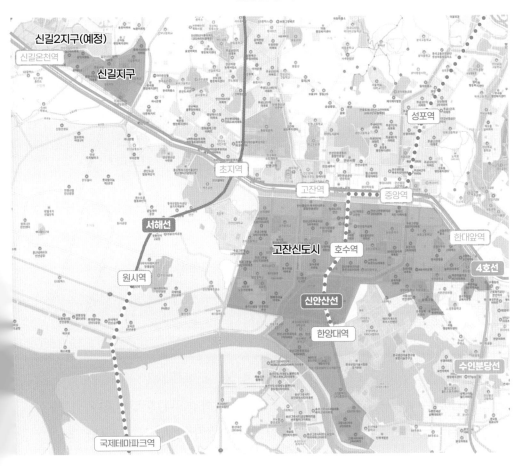

대 업무지구까지 접근성은 떨어진다. 신안산선이 2025년 개통이
되면 한양대역에서 여의도까지 25분 만에 도착하며 배후 수요가
확장될 것으로 기대한다.

안산의 메인 주거지는 크게 3곳으로 나뉠 수 있다. 첫 번째는 고

잔신도시다. 고잔신도시는 주로 4호선을 따라 사람들이 살고 있다. 4호선 중앙역, 고잔역, 한대역 남쪽은 20년 넘은 구축이지만 신도시답게 구획 설정이 깔끔하다. 학원가도 대규모로 밀집해 있고 상업 인프라도 훌륭해 거주하기 좋다.

두 번째는 중앙역 북쪽 로데오상권 위로 신축이 들어서며, 안산에서 가장 높은 시세를 자랑하고 있는 재건축 권역이다. 고잔신도시에 희소한 신축과 중앙역 역세권, 롯데백화점 등의 인프라가 몰려 있다. 또한 연식이 30년 넘은 구축이 많고 재건축이 진행되고 있다. 신안산선이 중앙역을 지나게 되면, 앞으로 안산의 시세를 이끌게 될 것이다.

세 번째는 4호선 따라 서쪽으로 가면 초지역이 나온다. 초지역 주변은 재건축으로 신축 브랜드단지가 대거 들어섰고, 신안산선(지선) 호재가 있다. 또 화랑유원지를 가까이 이용할 수 있어 선호하는 주거지역이 됐다.

앞서 말한 위 3곳의 권역이 주요 지역이고, 상록수역 남쪽의 본오동이나 안산역 북서쪽의 신길지구도 나름의 거주환경이 괜찮다. 신길지구 서쪽에 위치한 신길2지구가 시흥 거모지구와 함께 1만 6,000세대의 주거타운을 형성할 예정이다. 대단지 신축 브랜드를 찾는다면 고잔신도시 남쪽 끝 상록구 사동 그랑시티자이1차·2차아파트도 관심 가지면 좋다. 안산의 유일한 아파트 브랜드가 '자이'고 6,600세대 대단지로 조성되어 생활 인프라가 잘 갖춰져 있다.

# 안산의 중심 고잔동

고잔동은 동쪽으로 안산천, 서쪽으로 화정천이 감싸고 있어 왠지 모르게 포근한 느낌이 든다. 이들 하천이 만나서 시화호로 흘러든다. 단원구 고잔동에는 4호선·수인분당선 환승역인 중앙역과 고잔역이 나란히 있다. 신안산선 호수역과 중앙역 2곳이 추가로 들어설 예정이라, 고잔동으로 수요가 더 집중될 것이다.

중앙역과 고잔역 주변 상업지구는 안산의 많은 인프라가 밀집해 안산의 중심으로 불린다. 재건축 정비사업으로 신축이 연달아 들어서며 고잔동은 미래에도 안산의 중심이 될 것이다. 안산시청, 안산단원경찰서, 안산소방서, 안산세무서, 수원지방법원 안산지원, 수원지방검찰청 안산지청 등 각종 관공서가 있다. 또 고려대학교안산병원, 롯데백화점, 안산버스터미널, 롯데마트, 홈플러스가 있고 안산에서 유동 인구가 가장 많은 중심상권과 가장 큰 규모의 학원가가 있다.

고잔동은 세 권역으로 나눌 수 있다. 1권역부터 살펴보자. 입지와 상품성 둘 다 누릴 수 있는 중앙역 북쪽에 나란히 위치한 안산센트럴푸르지오아파트와 힐스테이트중앙아파트가 안산의 대표 아파트다. 2018년식 힐스테이트중앙아파트(1,152세대)는 2024년 1월 기준 34평 매매가 8억 8,000만 원, 전세가 5억 원이다. 중앙역은 수인분당선, 4호선에 신안산선까지 들어오고 동쪽에 안산천과 근린공원도 있으니 부족할 게 없는 입지다.

힐스테이트중앙아파트 북쪽으로 중앙주공5단지아파트가 빠르

## 모든 인프라가 몰려 있는 고잔동

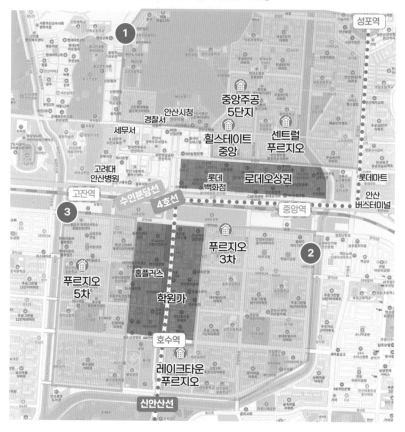

## 로데오거리 상권 뒤로 보이는 안산의 대장, 힐스테이트중앙아파트

출처: 갓서블

게 재건축 중이고, 6단지도 뒤를 이어 진행 중이다. 중앙주공5단지 아파트는 5-1단지와 5-2단지로 구역을 나눠 공사 중인데, 5-2단지 가 더 빠른 속도로 진행되고 있다. 중앙역 로데오거리는 나이트클 럽 등 유흥시설이 섞여 있다. 중앙주공5단지아파트는 이들 상권과 살짝 떨어져 있어 주거지로 안정적인 분위기가 장점이다. 또 중앙 역을 도보로 이용할 수 있는 최신축이 될 전망이라 자연스럽게 대 장 아파트의 바톤을 이어받을 것이다.

2권역과 3권역은 이용하는 역이 중앙역이나 고잔역으로 나뉘고 가운데 학원가와 상권이 위치해 있어 생활권이 분리된다. 4호선 남 쪽은 생활 인프라가 20년 넘게 무르익으며 거주환경이 정말 좋다. 이 권역에서 눈에 띄는 것은 '푸르지오' 브랜드가 9차까지 있을 정 도로 유난히 많은데, 입지와 상품성이 가장 좋은 곳 역시 푸르지오 아파트가 차지하고 있다는 점이다.

2권역을 보면 중앙역 초역세권인 곳도 고잔동 푸르지오3차아파 트다. 역과 가깝고 생활 인프라가 훌륭하지만 연식이 20년이 넘어 안산레이크타운푸르지오아파트에게 2권역의 대표 아파트 자리를 넘겨줬다. 역과 거리가 멀지만 2016년에 입주했고 1,569세대로 상 품성이 가장 좋다.

안산레이크타운푸르지오아파트는 안산 미디어도서관을 품고 있고, 바로 옆 동쪽에는 양지초등학교와 최근 특목고 입학 실적이 좋은 양지중학교도 있다. 북쪽에는 학원가, 서쪽에는 안산문화광 장과 신안산선 호수역(예정)이 있고, 남쪽으로는 안산호수공원과 체 육시설이 있어 대표 아파트의 입지 요소를 모두 갖췄다.

3권역에서는 푸르지오5차아파트가 대표 아파트라고 할 수 있다. 연식이 오래되고 호재가 없어 가격 상승의 재료는 없지만, 입지가 괜찮다. 고잔역 도보권인데다가, 서쪽으로는 초등학교와 화정천을 품고 있고 동쪽으로는 상권 접근성이 좋기 때문이다.

## 펜타 역세권이 되는 초지역

단원구 초지역 북쪽에는 초지동, 원곡동, 선부동이 있다. 이 지역에는 초지역, 선부역을 비롯한 철도망과 단원구청, 화랑유원지, 반월국가산업단지의 일자리가 있다. 초지역은 안산 사람들에게 인기 있는 주거지가 아니었다. 반월국가산업단지가 있어 원곡동은 외국인 비율이 한때 45%에 달했을 정도로 초지역 일대가 외국인 밀집 지역이기 때문이다. 원곡동의 다문화거리는 식당, 가게 간판이나 거리 풍경이 외국에 온 듯 착각이 들 정도로 이국적이다.

1권역은 초지역 주변의 신축 지역이고, 이곳의 대표 아파트는 초지역메이저타운푸르지오 단지다. '타운'이라는 말에서 보이듯 3개의 재건축조합을 묶어서 4,030가구의 신축 대단지로 통합 개발했다. 1권역은 브랜드 신축이 들어서면서, 안산 시민들의 비관심 지역에서 관심 지역으로 시선이 바뀌었다. 부동산은 이처럼 입지와 상품성이 생물처럼 변화하니 관심을 가지고 지켜봐야 한다.

무엇보다 초지역에는 5개 역이 들어선다. 기존 4호선, 수인분당선, 서해선에 향후 신안산선과 KTX가 정차하게 된다. 2027년 개통

## 신축 주거 타운이 들어선 초지역 북쪽 권역

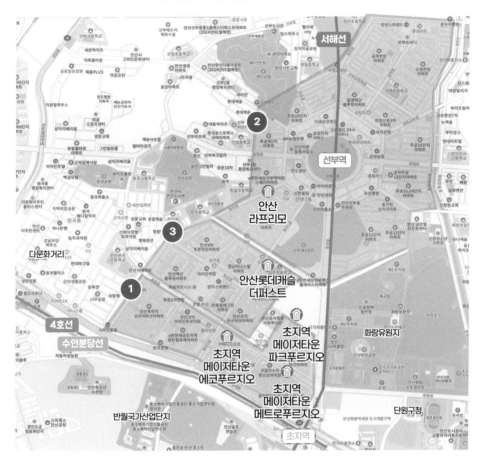

예정인 KTX는 인천 송도역에서 출발해 초지역을 거쳐 경부선과 합류하게 되어 있다. KTX를 통해 초지에서 대전까지 1시간, 부산까지 2시간 40분이면 갈 수 있다. 또 신안산선으로 광명역과 여의도까지 연결되고, 여의도까지는 30분대로 출퇴근을 할 수 있어 교통이 좋아지는 곳이다.

**펜타 역세권이 되는 초지역메이저타운푸르지오 단지 주변**

2권역은 선부역 생활권이다. 원시역에서 시흥시청역까지는 서해선과 신안산선 공용구간이다. 따라서 선부역도 서해선과 신안산선 더블 역세권이라 할 수 있다. 대표 아파트는 안산라프리모아파트고 2020년식 신축에 2,017세대의 대단지다. 3권역은 초지역과 선부역 사이라 역까지 거리도 애매하고 연식도 대체로 오래됐고, 오르막 권역이다. 이곳의 대표 아파트는 안산롯데캐슬더퍼스트아파트다. 세대수가 469세대로 작고 주변에 인프라가 없지만, 2018년 입주한 신축이고 관산초등학교를 품고 있는 게 장점이다.

| | ONE PICK | 특징 |
|---|---|---|
| 학군지 | 상록구 사동<br>푸르지오6차아파트 | 안산 명문인 해양중학교에 배정되는<br>초품아에 한양대역 신안산선 호재는 덤 |
| 변화 많은 곳 | 단원구 고잔동롯데캐슬<br>시그니처중앙아파트<br>(중앙주공5단지아파트 재건축) | 주변 재건축 진행으로 주거환경이 개선되며,<br>신안산선이 가까이 들어올 아파트 |
| 실거주 | 단원구 고잔동 안산레이크타운<br>푸르지오아파트 | 신안산선(예정), 학군, 학원가, 상업시설,<br>안산호수공원 등 누릴 인프라가 훌륭한 아파트 |

# 학군지 구축 vs 비학군지 신축

많은 사람들이 실거주 아파트를 고를 때 고민하는 부분이다. 학군을 중요하게 생각하면 성남, 용인, 수원 권역에서 1순위로 분당을 생각한다. 그러나 가격이 높기 때문에 신분당선이 지나는 용인 수지구청역 주변도 고민한다. 수지구청역 주변이 학원가 규모가 크고 학군도 좋기 때문이다.

보통 초·중·고등학교 과정까지 커버할 수 있는 학원가의 학원 규모는 100개 이상으로 본다. 수지구청역 학원가는 학원이 120개가 넘으니 고등과정까지 학원을 보낼 수 있다. 좀 더 개인별·수준별 교육을 원하면 신분당선으로 세 정거장 올라가서 분당의 정자역 학원가를 이용할 수 있다. 수지구청역 주변엔 명문 중학교와 실적 좋은 고등학교까지 있으니 자녀를 교육을 시키기엔 안성맞춤인 곳이다.

다만 수지구청역 주변 아파트는 연식이 1994년 이후로 지어져 낡았기 때문에, 이 가격이면 좀 더 돈을 주고 성남의 구도심 신축을 갈까 고민하게 되는 것이다. 자녀를 생각하면 학군지 구축을 택해야 하는데, 낡아서 가격은 잘 안 오를 것 같다. 신축은 살기 편하고 가격은 더 오를 것 같은데, 자녀 교육 고민이 깊어지며 망설이게 되는 것이다.

분명 학군지는 학군지로 선호되는 이유가 있다. 유명 학군은 미리 몇 년 앞당겨서 선행 학습을 마치고 입학하고, 교실의 학습환경도 공부하는 분위기다. 친구의 영향을 받는 사춘기 아이들에게 교실 분위기는 중요하다. 그리고 무엇보다 그 단지 커뮤니티의 알짜 정보도 중요하다. 학군지 아파트는 단지 내 커뮤니티에 공유되는 입시·학원 정보에 손쉽게 접근할 수 있는 장점이 있다.

고민 해결의 한 방법은 실거주와 투자를 분리하는 것이다. 예를 들어 성남 구도심 신축을 매수해놓고, 자녀 학령기 때 수지구청역 같은 학군지에 임차로 들어오는 방법이 있다. 시간이 지나 학군지가 필요 없을 때 다시 돌아가 신축의 상품성을 누리는 것이다. 전국의 수많은 부모들이 이 방법으로 자녀 교육에 힘을 쏟는다. 서울 영등포구 신길뉴타운 신축에 살다가, 자녀 교육을 위해 30년 넘은 목동 구축에 넘어가는 경우도 부지기수다.

임차는 2년마다 재계약을 해야 해서 불편한 점도 많지만, 재건축이 요원한 구축을 사놓고 마냥 기다릴 순 없는 법이다. 보상에는 대가가 따르니 약간의 불편함을 감수하며 좀 더 미래 가치가 높은 신축을 사놓는 것도 좋은 방법이다. 다시 한번 강조한다. 실거주와 투자는 일치할 필요가 없다. 미래 가치가 높은 곳에 투자를 해놓고, 생애주기에 맞는 아파트를 임차해서 거주하는 전략도 고려해보자. 자산증식과 실거주 만족도, 두 마리 토끼를 잡을 수 있는 방법이다.

# 6

# 입지에
# 인사이트를
# 더하다

# 지금 살까? 기다릴까?
# 고민 해결 5가지 지표

"지금 시기에 아파트를 사야 할까요?"

이 질문 전에 아파트 매수 이유가 실거주인지, 투자인지 생각해보자. 투자 목적이라면 장기투자인지, 단기투자인지 정해야 하는데 장기투자로 접근하는 게 좋다. 예상과 다른 시장 상황이 펼쳐질 수 있기에 방망이는 길게 잡고 가야 한다. 투자자의 장점은 지역에 구애받지 않고 아파트를 매수할 수 있다는 것이다. 실거주자보다는 아파트를 장기간 보유하기 힘들어 조금 더 정교한 매수 타이밍이 필요하다.

실거주 아파트는 그 자체가 곧 가족의 보금자리로써, 시세차익보다 실거주 자체에 의의가 있다. 시세차익 목적의 투자와 포인트가 조금 다르다. 실거주 아파트는 가격이 오르든 떨어지든 살면서 오래 버틸 수 있는 장점이 있다. 실거주 구매자의 단점은 매수 할 수 있는 지역이 제한적이라는 점이다.

투자자와 실거주의 포인트는 조금씩 다르지만 공통적으로 중요한 게 있다면 매수 타이밍이다. 부동산은 사이클이 있다. 상승기에 매수하면 좋지만 고점에 매수해 하락기를 맞으면 매우 힘든 시기를 겪게 된다. 좋은 입지의 아파트를 좋은 가격과 타이밍에 사야 자본주의의 과실을 누릴 수 있는 법이다.

매수 타이밍의 법칙은 없다. 어떤 전문가라도 부동산 사이클을 정확히 예측할 수 없다. 시기를 예측할 수 있다고 단언하는 사람이 있다면, 그 사람은 사기꾼에 가깝다. 기준이 있으면 흔들리지 않기에 본인만의 기준이 필요하다. 기준 없는 매수는 '묻지마 투자'와 같기 때문이다.

갓서블의 매수 타이밍 잡는 기준 지표 5가지를 소개한다. 바로 주택구입부담지수, 전세가율, 미분양, 거래량, 아파트 공급량이다. 이 5가지 기준 중 몇 가지를 충족할 수 있느냐에 따라 매수해야 하는 시기인지, 지켜봐야 하는 시기인지, 보류해야 하는 시기인지 판단할 수 있다. 5가지 기준을 하나씩 살펴보자.

## 투자 시점 기준 하나, 주택구입부담지수

주택구입부담지수란 중위소득 가구가 표준대출로 중간가격 주택을 구입할 때 얼마나 대출상환 부담이 있는지 나타내는 지수다. 즉 소득과 대출이율 대비 '아파트 매수 여력'을 판단해볼 수 있는 지표이다. 금리를 반영한다는 면에서 유의미한 지표이다.

주택구입부담지수가 100이면 중간가구 소득의 25%를 주택담

서울의 연도별 주택 구입부담지수

보대출 원리금 상환으로 부담한다는 의미다. 주택구입부담지수가
200이면 100(소득의 25% 부담)의 2배이기에 소득의 50%를 주택담보
대출 원리금 상환에 쓴다는 의미다. 간단하게 말하면 낮을수록 좋
은 것이고, 높을수록 그 주택이 고평가된 것이다. 가구에서 감당하
기 어려울 정도로 주택 구입비용이 늘어나면 자연스럽게 매수세가
줄어들 것이기 때문이다.

위 표는 서울의 주택구입부담지수다. 2022년 3분기 주택구입부
담지수는 214.6이다. 약 소득의 53%를 주택 담보 대출 원리금 상
환으로 쓴다는 것으로 가정에 매우 부담되는 비율이다. 2015년의
83.7과 비교하면 2배 이상 올랐다. 주택 가격이 높아지고, 동시에
대출이율이 올라서 주택을 매수하기 부담스러운 것이다. 주택구
입부담지수를 통해 2022년 3분기 서울 주택 가격은 고평가되었음
을 알 수 있다. 그리고 얼마 지나지 않아 부동산은 하락기를 맞이

했다.

그럼 주택구입부담지수가 얼마 이하여야 매수를 고려할 수 있을까? 서울의 주택구입부담지수가 140 이하여야 적정하다. 주택구입부담지수 140은 가계 소득의 35%를 주택담보대출 원리금으로 상환한다는 의미로, 그 이상을 넘어가면 가계에 부담이 커진다. 2023년 3분기(6개월 후행) 기준 서울 주택구입부담지수는 약 160이다. 가계 소득의 약 40%를 주택담보대출 원리금으로 부담하고 있다는 뜻이다. 주택구입부담지수 자체는 점점 떨어지고 있지만 여전히 아파트 매수가 부담스러운 시점이라 할 수 있다.

한 가지 조언하자면, 수도권 아파트를 매수할 때는 서울의 주택구입부담지수를 기준 삼아 시기를 판단하자. 경기도라는 지역이 광범위하기도 하고 주택구입부담지수 그래프 모양이 서울과 거의 비슷하다. 또한 경기도는 서울에 영향을 받을 수밖에 없기 때문에, 서울을 기준으로 삼는 것이 좋다.

## 투자 시점 기준 둘, 전세가율

전세가율은 전세가를 매매가로 나눈 것의 백분율로, 전세가가 매매가에서 차지하는 비중을 나타낸다. 예를 들어 매매가가 10억인데 전세가가 6억이면, (6억÷10억)×100의 계산을 거쳐 60%라는 전세가율 값을 얻을 수 있다.

전세가는 사용 가치를 나타낸다. 매매가에는 실수요와 투자수

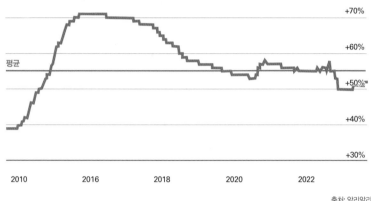

서울 평균 전세가율 그래프

출처: 알리알리

요가 포함되어 있지만, 전세가에는 투자수요가 없기 때문이다. 전세가가 높다는 건 사용 가치가 높다는 의미다. 그만큼 전세가율이 높으면 기존의 전세수요가 매매수요로 전환될 가능성이 높다. 높은 전세가로 임차해서 살 바에는, 돈 조금만 더 보태 내 집을 갖고자 하는 사람들이 늘어나기 때문이다. 반대로 주택의 전세가가 낮으면 매매할 바에 낮은 비용으로 임차하려는 사람들이 늘어난다.

　2015년 10월, 서울의 전세가율은 역사적으로 가장 높은 71%를 기록했다. 많은 사람들이 임차 대신 매매를 선택하게 되며 거래도 활발히 일어났고, 높은 전세가율이 매매가를 끌어올려서 수도권 집값 상승의 기반이 됐다. 2024년 1월 현재 전세가율은 53%로 낮은 편이다. 전세가율만 보면 매매가 활발히 일어나기 쉽지 않은 상황이다.

그럼 전세가율 기준을 얼마 이상으로 삼으면 좋을까? 지난 10년 평균 전세가율보다 절대치는 높아야 하고, 추세는 오르는 분위기여야 한다. 서울의 경우에는 과거 10년 평균 전세가율인 55%이상일 때 진입하면 좋다. 여기에 더해서 향후 주택 공급량을 통해 전세가의 추세를 예상해 볼 수 있다. 전세가에 가장 크게 영향을 미치는 건 공급량이다. 예를 들어 현재 전세가율이 55%인데 향후 공급량이 많아 전세가율이 낮아진다면 두 번째 기준을 충족한다고 보기 어렵다. 그러면 공급량이 얼마여야 적당하다고 할 수 있을까? 다음 기준으로 살펴보자.

## 투자 시점 기준 셋, 공급량

모든 것은 수요와 공급의 법칙을 따른다. 어떤 재화든지 간에 공급이 수요보다 많으면 가격이 떨어지고, 공급이 수요보다 적으면 가격이 오르게 된다. 아파트라는 재화도 마찬가지다. 매년 멸실되는 집이 있는가 하면, 독립이나 혼인이나 분가 등으로 아파트 수요는 매년 새로 생긴다.

아파트 공급이 인구수의 0.5% 이내이면 적정 공급량이다. 이 수치를 적용해 내가 매수하려는 지역의 향후 3년간 공급이 과한지 따져보자. 예를 들어 성남의 인구가 91만 8,000명이면 적정 공급량은 약 4,590호(91만 8,000명×0.005)이고, 향후 3년간 아파트 공급이 13,370호(4,590호×3년) 이하면 적정하다고 할 수 있다.

여기서 주의할 점이 있다. 수도권에서는 한 지역의 공급량만 따져서는 안 된다. 그 지역의 동서남북으로 뻗어있는 주변 도시의 공급량까지 따져야 한다. 성남이라면 하남시, 광주시, 용인시, 수원시, 서울시 송파구의 공급량까지 같이 조사를 해야 한다. 서울 송파구와 용인시에 물량이 쏟아지면 성남의 전세가에 영향을 줄 것이기 때문이다.

## 투자 시점 기준 넷, 미분양

서울의 미분양 그래프를 보자. 현재 미분양이 과거 평균 미분양보다 많은지 판단하고, 그 추세를 확인해서 매수를 판단해야 한다.

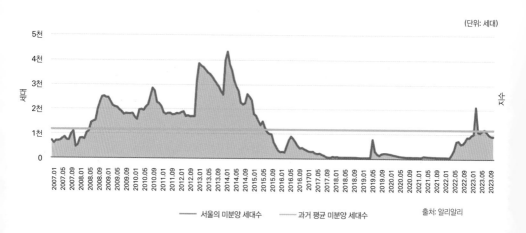

서울의 미분양 세대수

(단위: 세대)

─── 서울의 미분양 세대수    ─── 과거 평균 미분양 세대수                    출처: 알리알리

2023년 10월 기준 미분양 세대는 908개로 과거 평균 미분양 세대인 1,162개보다 적다고 할 수 있다. 현재 매수 상황은 나쁘지 않다.

현시점의 미분양이 과거 평균보다 많고, 계속 늘어나는 추세라면 매수하기 안 좋은 상황이다. 미분양은 말 그대로 분양을 했는데 계약자가 없어서 재고가 쌓인 것이다. 신축 아파트 재고가 쌓이면 구축 아파트의 시세까지 발목을 잡는다.

앞으로 미분양이 늘어날 것인지 어떻게 알 수 있을까? 청약 결과를 보면 알 수 있다. 청약이 100% 분양 완료되면 미분양이 쌓이지 않을 것이고, 미계약분이 계속 쌓이면 앞으로 더 미분양이 늘어날 것이다.

## 투자 시점 기준 다섯, 거래량

서울 거래량 그래프를 보면, 2023년도에는 월별 거래량이 5천 건 미만이다. 거래가 많지 않다는 건 매도자와 매수자 간 생각이 다르다는 것이다. 거래가 없으면 급매들 위주로 거래될 수밖에 없어 약보합(주가나 부동산 따위의 시세가 약간 하락하여 시세가 변동하지 아니하거나 변동의 폭이 극히 작은 상태를 유지하는 일) 시장이 될 확률이 높다.

그래서 지역의 거래량이 월별 평균 거래량 이상인지 확인하고 거래량 추세도 확인해야 한다. 서울의 경우 최근 10년 월별 평균 거래량이 대략 6,500건인데 2023년 11월 거래량은 약 2,470건으로 아직 거래량이 부족하다고 판단할 수 있다.

## 2022년 이후로 회복을 못하고 있는 서울의 월별 거래량

(단위: 천 건)

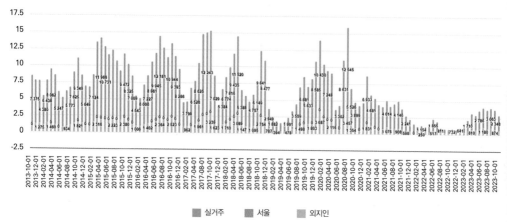

■ 실거주　■ 서울　■ 외지인

출처: 알리알리

　부동산 매수는 대부분 전 재산을 동원해야 살 수 있는 큰 자산이다. 그런 큰돈을 묻지마 투자를 하는 것은 정말 경계해야 한다. 현재 상황을 객관적으로 판단해 사는 게 맞을지, 기다리는 게 맞을지 분석해보자. 돈을 버는 것보다 중요한 건 잃지 않는 것이고, 잃지 않기 위해선 욕심을 비우고 객관적으로 시장 상황을 판단해야 한다. 나의 자금 상황을 냉정히 따져봐야 한다.

　부동산 시장은 누구도 정확히 예측할 수 없다. 본인만의 기준으로 '이 정도면 사도 되겠다'라는 기준을 세우고, 그 기준이 올 때까지 여유롭게 기다렸다가 움직이는 우직함이 필요하다. 겨울이 가면 봄이 오듯이 부동산 사이클도 돌고 돈다. 좋은 입지를 좋은 가격과 좋은 타이밍에 사면, 분명 따뜻한 봄날이 올 것이다.

| | | |
|---|---|---|
| 서울의 주택구입부담지수가 140 이하인가? | O | × |
| 향후 3년 공급량이 동서남북 도시 포함해 인구수의 0.5%×3(년) 이내인가? | O | × |
| 전세가율이 최근 10년 평균 이상이고, 상승하는 추세인가? | O | × |
| 미분양이 과거 평균 이하이고 앞으로 늘어날 가능성이 없는가? | O | × |
| 현재 거래량이 월평균 거래량 이상이고, 거래가 활발히 일어나는가? | O | × |

아파트를 사야 할 타이밍인지 따져볼 때 이 표를 활용해보자. O가 5개면 적극 매수단계, O가 4개면 매수단계, O가 3개면 관심 단계, O가 2개면 보류단계, O가 1개 이하면 적극 보류단계로 정리할 수 있다.

# A아파트 vs B아파트
# 4단계 판단법

앞장에서 지금 사야 할지 기다려야 할지 기준을 제시했다. 매수 타이밍을 잡았으면 그 다음 스텝이 남았다. '어떤 아파트를 살 것인가'다. 지방에서는 도시가 독립적으로 떨어져 있는 경우가 많아서 보통 도시를 정하고 아파트를 정한다. 반면 수도권은 도로 하나를 경계로 생활권이 이어지다 보니 도시보다는 무슨 아파트를 고를지 고민하는 경우가 많다.

아파트 선택에 고민하는 독자에게 도움을 주고자 이 책에서는 4단계 판단법을 제시하려고 한다. 이 기준을 적용하면 선택 기준이 명확해지고, 자산 가치 증식에 분명 도움이 될 것이다. A아파트와 B아파트 사이에서 결정을 내리는 4가지 기준은 아파트 가격의 천장, 변화 가능성, 단지의 규모, 끌림이다. 구체적으로 하나하나 살펴보자.

# 아파트 선택 기준 하나, 가격의 천장

첫 번째는 아파트 가격의 천장이다. 아파트 가격에서 천장은 두 가지가 있다. 아파트의 전고점(이전 고점 가격)과 주변 랜드마크의 가격이다. 예를 들어 A아파트 전고점이 13억 원이고 B아파트 전고점이 12억인데 현재 시점 두 아파트가 11억 원이라면, 전고점이 높은 A아파트를 사는 게 좋다. 아파트 가격은 과학이다. 그 가격대를 받아들이고 매수하기까지 매수자는 얼마나 많은 아파트를 비교하고 고민했겠는가? 그 가격대로 여러 건 거래가 됐다면 그 가격을 받아들여야 한다. A아파트의 전고점이 높았다면, B아파트에 큰 호재가 없는 한 앞으로도 가격이 더 높을 확률이 크다.

그 다음은 주변 랜드마크의 가격을 확인해야 한다. 예전에 이런 질문을 받은 적이 있다. 안양 평촌센텀퍼스트아파트와 의왕 인덕원퍼스비엘아파트 중 무엇을 사야 할지 고민이라는 것이다. 얼핏 생각하기엔 규모가 큰 안양이 더 나을 것 같다는 자신의 생각도 덧붙였다.

이런 경우 주변 랜드마크 아파트를 보면 고민이 해결된다. 안양 평촌센텀퍼스트아파트 주변 랜드마크는 2019년 입주한 평촌더샵아이파크아파트고, 전고점은 13억 8,500만 원이다. 의왕 인덕원퍼스비엘아파트 주변 랜드마크는 인덕원푸르지오엘센트로아파트고 전고점은 16억 3,000만 원이다.

나중에 이전 가격으로 회복한다고 가정하면, 의왕 인덕원퍼스비엘아파트의 천장은 16억 원대인 셈이고, 안양 평촌센텀퍼스트아파트의 천장은 13억 원인 셈이다. 의왕 인덕원퍼스비엘아파트의 천장이 더 높으니 더 올라갈 수 있는 폭이 넓다고 할 수 있다. 이렇게 주변 랜드마크 아파트와 비교하며 가격의 천장을 예상해보자.

## 아파트 선택 기준 둘, 변화 가능성

두 번째는 변화가 많은 곳이다. 특별한 변화가 없는 이상 과거부터 현재까지의 가격 차이는 앞으로도 지속될 확률이 크다. 다만

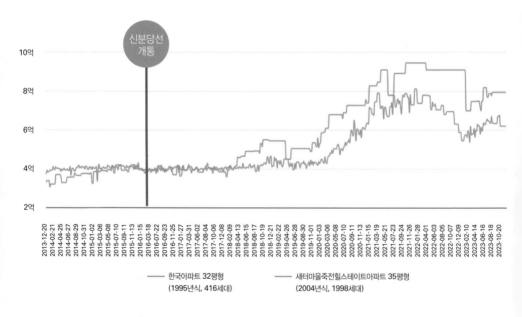

2016년 1월 신분당선 개통으로 역전된 한국아파트와
새터마을죽전힐스테이트아파트의 가격 흐름

| ── 한국아파트 32평형 | ── 새터마을죽전힐스테이트아파트 35평형 |
| (1995년식, 416세대) | (2004년식, 1998세대) |

만약 A아파트의 주변 입지 요소에 변화가 일어나고 있다면, 지금 당장 살기가 불편하더라도 그곳을 선택하는 게 좋다. 특히 대규모 재개발로 주거환경이 획기적으로 바뀌거나, 지하철 호재가 있으면 말이다.

예를 들면 용인에 수지한국아파트와 새터마을죽전힐스테이트 아파트가 있다. 신분당선이 개통되기 전에는 새터마을죽전힐스테이트아파트가 약간 더 높은 시세를 형성했었다. 하지만 신분당선이 개통한 후로는 시세가 뒤집혔다. 이처럼 변화가 생기는 곳의 가치에 집중하면 좀 더 큰 시세차익을 얻을 수 있다.

## 아파트 선택 기준 셋, 단지의 규모

세 번째는 단지의 규모다. 대단지일수록 많은 사람의 눈에 띈다. 그리고 대단지가 큰 도로변에 접할수록 많은 차량이 오고 간다. 그만큼 더 많이 노출되며 자연스럽게 홍보가 된다. 송파구 가락동의 헬리오시티아파트를 모르는 사람이 있는가? 지방에 사는 부동산에 관심이 없는 사람도 뉴스에서 많이 들어봄직한 아파트다.

아파트를 사람들이 많이 알수록 거래도 잘되고 수요가 꾸준하다. 게다가 대단지는 자체 커뮤니티도 잘되어 있고 관리비도 싸다. 입지와 가격이 비슷하다면 500세대와 2,000세대 중 2,000세대 아파트를 선택해야 한다.

## 아파트 선택 기준 넷, 끌림

네 번째는 끌림이다. 대부분 실거주자는 아파트를 매수할 때 주택구입부담지수, 입주 물량, 미분양, 거래량 같은 데이터를 보고 매수하지 않는다. 호재를 하나하나 비교하고 실현 가능성을 따져서 매수하지도 않는다. A아파트와 B아파트에 가보고 단지를 걸었을 때 느낌이 좋은 아파트, 내가 끌리는 아파트를 산다. 이해를 돕기 위해 질문을 던져본다.

"A아파트와 B아파트 중 어떤 아파트를 사면 더 기분이 좋은가?"

"어떤 아파트에 산다고 주소 란에 으쓱대며 쓸 수 있는가?"

"어떤 아파트에 산다고 사람들에게 좀 더 힘주어 말할 수 있는가?"

사람들은 더 이상 차를 보고 그 사람의 사회경제적 지위를 판단하지 않는다. 차량 앞 유리에 붙어 있는 아파트 스티커를 보고 판단한다. 분당에 사는 사람은 분당에 산다고 하지, 성남에 산다고 이야기하지 않는다. 마찬가지로 위례에 사는 사람도 위례에 산다고 하지, 성남에 산다고 하지 않는다.

A아파트와 B아파트 둘 중 뭐를 가지면 더 기분이 좋을까? 당신이 더 욕망하는 아파트를 선택하라. 그 욕망의 소리는 다른 사람에게도 비슷하게 들릴 것이고 욕망은 가격에 반영된다.

**갓서블의 고민되는 아파트 선택 4단계 판단법**

| 1단계 | 어느 아파트의 가격 천장(전고점, 랜드마크 가격)이 더 높은가? |
|---|---|
| 2단계 | 어느 곳이 예정된 변화가 많은가? |
| 3단계 | 단지 수가 큰 아파트는 어디인가?<br>혹은 어느 아파트가 더 많이 알려져 있는가? |
| 4단계 | 어느 아파트가 더 끌리는가?<br>(가능한 아빠보다 엄마의 욕망을 신뢰하자) |

# 입지와 상품성 중
# 무엇을 선택해야 할까?

'역세권의 입지 좋은 구축'과 '역과 멀지만 상품성 좋은 신축' 중 무엇을 선택을 해야 할까? 많은 사람들이 부동산을 매수할 때 겪는 딜레마다. 요약하면 '입지'와 '상품성'의 경쟁이다. 두 마리 토끼를 모두 잡으면 좋은데, 좋은 입지는 제한적이고 신축도 무한정 지을 수 없다. 입지와 상품성 어느 쪽에 더 우선순위를 둬야 할까?

부동산 가격을 결정하는 건 입지와 상품성이라고 했다. 입지 요소에는 일자리, 교통, 학군, 상권, 환경이 있다. 양질의 일자리를 빠르고 편하게 갈 수 있는지, 선호하는 학군인지, 역과의 거리는 가까운지, 백화점·스타필드·마트가 가까이 있는지, 혐오시설이 없고 공원의 녹지공간이 있는지에 따라 입지 가치가 달라진다.

상품성도 마찬가지다. 요새 신축 아파트 시설은 3세대 아파트 수준의 지하주차장, 지상공원, 커뮤니티 시설에 그치지 않는다. 4세대 아파트의 상품성은 점차 진화하고 있다. 4세대 아파트는 커튼월룩 외관, 조식·중식·석식을 제공하는 호텔급 식당, 음식물 쓰레기

**커튼월룩 구조로 설계한 용산 이촌동 래미안첼리투스아파트**

를 집안에서 처리할 수 있는 씽크뱅, 높은 층고, 고급자재 등의 시설을 갖추고 있다. 뿐만 아니라 거주민이 더 이상 외부에 나갈 필요가 없을 정도로, 단지 내에 모든 커뮤니티를 구비한다. 스카이라운지, 콘셉트별로 다른 커피숍, 수영장, 사우나, 골프장 등 4세대 아파트의 시설과 커뮤니티는 나날이 발전하고 있다.

상품성은 시간이 흐르며 감가상각이 된다. 아파트 연식에 따라 상품성과 입지 각각의 비중을 다르게 설정할 필요가 있다. 보통 아파트 수명을 30년으로 볼 때, 연식이 10년 미만인 아파트는 입지보다 상품성을 좀 더 고려해야 한다. 10~20년 미만의 연식은 입지와 상품성을 함께 고려해야 하고, 20년 이상 연식의 아파트는 입지를 좀 더 따져보는 게 좋다.

그럼 입지가 좋은 구도심 아파트와 상품성이 좋은 신도시 아파트 중에는 어느 쪽을 선택해야 할까? 도시의 형성 과정을 살펴보자. 초기 신도시에는 학교, 학원, 공원, 각종 인프라가 도심에 들어서고 사람들이 몰려든다. 그러나 어떤 신축이든 점점 시간이 지나면 구축이 된다. 신도시의 쾌적한 환경 때문에 이주했는데 새 아파트가 점점 낡게 되면, 구도심의 인프라가 생각나고 이사가 가고 싶어진다. 상품성뿐만 아니라 교통, 학군, 학원가 등 다른 입지 조건도 여전히 아쉽기 때문이다.

여기에서 신도시의 경쟁력이 판가름 난다. 만약 신도시의 교통이 개선되고, 상권 인프라와 학군이 형성되면 사람들이 계속 찾는 곳이 된다. 그렇지 못한 반대의 경우에는 신도시 수요가 입지 좋은 구도심이나 더 새로 지은 신도시로 이탈하게 된다. 구도심도 마찬가지다. 변화를 모색하지 못하면 새집을 찾는 수요층의 선택을 받지 못할 것이다. 하지만 도시 재생 사업으로 입지 요건에 더해 상품성까지 좋아진다면 이 구도심의 경쟁력은 더 강해질 것이다.

결국 구도심이냐 신도시냐는 중요하지 않다. 입지 경쟁력과 상품 경쟁력을 비교해봐야 한다. 김학렬(빠숑)의《대한민국 부동산 사용설명서》에 언급된 것처럼 구도심에서는 상품 경쟁력이 좋아질 곳이 어딘지 파악해야 하고, 신도심에서는 어디가 입지 경쟁력이 좋아지는지 분석해야 한다. 2기 신도시 광교와 동탄이 지금의 위상을 얻게 된 이유는 일자리와 교통 조건을 갖춰 입지 경쟁력이 생겼기 때문이다. 반면 김포 한강신도시에 사람들이 관심이 많지 않은 이유는 연식이 오래되어 상품성은 잃어가는데, 교통 등의 입지 가치가 좋아지지 않기 때문이다.

"그래도 입지와 상품성 중 하나를 골라야 한다면 뭐를 선택해야 할까요?"라고 질문한다면, 입지가 좀 더 중요하다고 말하고 싶다. 입지가 좋으면 상품성은 리모델링, 재건축으로 언제든 보완할 수 있다. 하지만 굵직한 교통 노선이 들어오는 변화가 없는 한 상품성 그 자체로 입지를 보완하기는 어렵다. 그래서 성남의 분당, 안양의 평촌처럼 오래되어도 명품 거주지를 선택하는 게 안정적이다. 책으로 비유하면 현재 잘 팔리고 있는 베스트셀러보다 오랜 시간 꾸준히 팔리는 스테디셀러가 더 명작으로 꼽히는 이유이다.

# 용의 꼬리보다
# 뱀의 머리를 잡아라

입지 좋은 곳의 하위 아파트를 잡아야 할까? 입지 안 좋은 곳의 상위 아파트를 잡아야 할까? 용의 꼬리냐 뱀의 머리냐의 문제다. 이 질문에 대한 인사이트를 얻기 위해 부천, 안양, 군포의 아파트를 구체적으로 살펴보자.

군포에는 2010년식 래미안하이어스아파트(2,644세대), 안양에는 2016년식 래미안안양메가트리아아파트(4,250세대), 부천에는 2015년식 래미안부천중동아파트(616세대)가 있다. 셋 다 래미안이라는 브랜드가 같고, 연식 차이도 크지 않다. 군포 래미안하이어스아파트는 1기 신도시인 산본에, 부천 래미안부천중동아파트는 1기 신도시인 중동에, 안양 래미안안양메가트리아아파트는 1기 신도시인 평촌 주변에 있다.

위 세 곳 중 어떤 지역 아파트의 시세가 가장 높을까? 많은 사람들은 안양의 래미안안양메가트리아아파트의 시세가 가장 높을 거라 생각한다. 그리고 군포의 래미안하이어스아파트의 시세가 가장 낮을 거라 생각한다. 평촌신도시의 시세가 가장 비싸기도 하고, 안양이라는 도시의 위상을 생각해서다. 인구수도 차이가 난다. 부천 인구 78만 명, 안양 인구 54만 명, 군포 인구 26만 명이다. 도시 규모도 그들의 생각을 뒷받침하고 있다.

실제 시세는 어떨까? 사람들의 생각과 다르게 도시 규모가 가장 작은 군포 래미안하이어스아파트의 시세가 가장 비싸다. 그 다음은 안양 래미안안양메가트리아아파트, 부천 래미안부천중동아파트 순이다. 전고점은 각각 군포 래미안하이어스아파트가 12억 4,000만 원, 안양 래미안안양메가트리아아파트가 11억 5,000만 원, 부천 래미안부천중동아파트가 10억 원 순이다. 보다시피 브랜드는 모두 같다. 세대수가 제일 많은 것도 아니고, 연식도 가장 오래됐는데 왜 군포 래미안하이어스아파트의 시세가 가장 높을까?

답은 아파트 거주민의 특성에 있다. 그 지역에 거주해야만 하는 진짜 부자, 일명 '찐 부자'들이 있기 때문이다. 그 지역에서 사업을 하거나, 자영업을 하거나, 고소득 전문직일 수도 있다. 이들은 굳이 큰 도시로 이사 가지 않고, 출퇴근 등 여러 이유로 그 지역에서 가장 좋은 아파트를 선택하려고 한다. 지방의 부자들은 지방에서 가장 좋은 아파트에 거주하려고 하지, 굳이 서울에 가지 않는 이유와 같은 결이다.

래미안아파트의 사례는 용의 꼬리보다 뱀의 머리를 선택하는 게 더 현명할 수 있음을 말해준다. 많은 도시의 아파트를 비교해서 실거주와 투자를 선택해야 하겠지만, 거주민의 입장에서도 생각을 해봐야 한다.

그 도시를 거주지로 선택하는 사람의 생각 과정을 따라가 보자. 안양 시민은 기본적으로 평촌신도시를 우선 고려한다. 탐색하다 어려우면 평촌신도시 주변의 신축을 검토하고, 자금 사정이 여의치 않으면 만안구의 역세권 신축을 찾다가 래미안안양메가트리아 아파트를 고민한다.

래미안부천중동아파트도 마찬가지다. 부천시청역 주변 신축들을 물망에 올렸다가, 학군 좋은 중동·상동 중대형 평형을 알아보고, 옥길 택지지구 신도시도 살기 좋겠다고 생각하면서, 래미안부천중동아파트를 후보에 올리게 된다. 하지만 군포 래미안하이어스아파트는 사정이 다르다. 군포에서 소득이 많은 사람이 가장 우선순위로 고려하고 선택하기 때문이다.

부동산도 피라미드 구조를 띤다. 좋은 조건의 아파트일수록 많은 사람이 원하지만 공급이 적어 가치는 더 올라간다. 단순히 어떤 피라미드가 더 큰지가 중요한 게 아니다. 피라미드 크기가 작아도 그 정점에 있다면 더 빛날 수 있는 법이다.

# 상위 급지로 이동이
# 무조건 정답일까?

수강생으로부터 이런 질문을 받은 적이 있다.

"마포 33평에 사는데 용산 이촌동의 25평으로 가야 할까요?"

여기저기서 상위 급지로 옮겨야 더 빨리 자산을 불릴 수 있다고들 한다. 얼핏 생각해봐도 더 큰 도시, 더 선망하는 상위 급지가 더 가격이 빨리 오를 것 같기 때문이다. 과연 그럴까? 과거의 시세 흐름을 복기해보자.

마포래미안푸르지오아파트 33평과 용산건영한가람아파트 25평의 시세 흐름을 그린 그래프를 보자. 과거 2015년부터 현재까지의 시세를 비교해보면, 두 아파트는 일정 비율을 유지하며 비슷한 시세 흐름을 보였다. 시기마다 편차는 있지만 대략 10% 전후의 격차를 유지했다. 마포래미안푸르지오아파트 33평이 더 시세가 높고, 현재도 그렇다. 용산건영한가람아파트는 리모델링이 진행 중인데, 리모델링이 완료되지 않는 한 앞으로도 시세 차이가 유지될 확률이 크다. 즉 자산 가치 관점에서 유의미한 차이가 없다는 것이다.

**용산 25평 아파트와 마포 34평 아파트의 시세 흐름 비교**

용산건영한가람아파트 25평형
(1998년식, 2036세대)

마포래미안푸르지오아파트 33평형
(2014년식, 3885세대)

출처: 알리알리

그러면 실거주의 만족도를 따져봐야 한다. 평수를 8평이나 줄이고 상품성도 낮춘 아파트에 이사해서 살면 만족도가 떨어질 수밖에 없다. 실거주 아파트는 자본주의 시스템인 '부동산' 관점보다는, 가족이 편히 쉴 수 있는 정서적 공간인 '집'으로 기능하는지가 더 중요하다. 나 혼자 사는 곳이 아니라, 사랑하는 우리 가족이 함께 거주하는 공간이기 때문이다.

혹자는 이렇게 물어볼 수 있겠다. "용산 건영한가람아파트가 리모델링이 다 되면 시세가 역전되지 않을까요?" 물론 아파트가 신축이 된다면 시세가 바뀔 수 있다. 하지만 재건축, 리모델링 등의 정비사업은 수많은 변수가 있고, 예상보다 늦춰질 수 있어 기약이 없다. 그래서 나는 수강생에게 이렇게 대답했다. "자산 가치 관점에서는 그 생각도 나쁘지 않지만, 신축 아파트의 넓은 평수에 살다 정비사업이 끝나 새 상품으로 바뀌는 시점에 옮겨가는 건 어떨까요?"

여기 다섯 개의 아파트가 있다. 용인 성복역롯데캐슬골드타운(주상복합), 군포 힐스테이트금정역아파트(주상복합), 광명역파크자이아파트(주상복합), 부천 중동센트럴파크푸르지오아파트(주상복합), 동탄역시범더샵센트럴시티아파트. 이 중 어떤 아파트를 골라야 자산 가치가 가장 크게 상승할까?

이 아파트들은 전고점과 현재 시세가 비슷한 곳이다. 많은 사람들이 어디를 고르는 게 좀 더 큰 수익을 가져다줄지 고민하지만, 실상은 드라마틱한 차이가 나지 않는다. 전고점이 비슷했고 현재도 비슷한 시세라는 건 사람들이 상품과 입지 가치를 비슷하게 인정한다는 것이다. 입지는 시장이 평가한다. 그 말인즉슨 실거주라면 출퇴근 거리, 학군, 상권, 공원 등 가족의 라이프 스타일을 충족시켜 줄 수 있는 곳을 고르는 게 가장 좋다는 의미다.

그럼 상위 급지로 이동은 언제 해야 할까? 도시마다 분명 시세 서열이 있다. 시세 서열이 높은 곳은 더 많은 사람이 원한다. 사람이 몰릴수록 시장은 더 빠르게 반응한다. 남양주나 구리에 사는 사람은 하남을 가고 싶어 하고, 하남에 사는 사람은 서울 강동구를, 강동구 사람은 송파를 가고 싶어 한다. 송파 사람은 강남을 가고 싶어 하고, 강남은 송파뿐만 아니라 전 국민이 원하는 곳이다.

자산 가치 상승을 위해서는 경기도 외곽에서 점차 서울 주변으로, 서울 안으로, 서울 핵심지로 옮겨야 하는 건 맞다. 다만 현재 시세가 비슷하다면 앞으로도 시세는 비슷할 확률이 크다. 실거주인데 평형을 줄여서 비슷한 가격의 상위 급지로 옮기는 건 의미가 없다. 갈아타기는 현재 가격도 높고 앞으로도 가격이 높을 아파트를 선택해야 한다.

그리고 너무 급하게 옮길 필요도 없다. 실거주 만족도를 우선순위에 두고 인내로 기다리자. 평소 가격을 잘 지켜보며 기회를 보면 상위 급지와 격차가 줄어드는 시기가 분명히 온다. 그때 더 평형을 넓히거나 한 단계 더 높은 시세의 상위 급지로 갈아타라.

# 두 번의 선택으로 자산을 100배 늘리다

그동안 많은 지인, 수강생과 상담했다. 그 중 실거주 갈아타기로 자산을 100배 이상 늘린 인상 깊었던 사례를 소개하려 한다.

### 2번 상급지로 갈아타 40년 동안 자산을 107배 불리다

이 수강생은 안양시 동안구의 뉴타운맨션삼호아파트가 1981년에 지어질 때 분양을 받았다. 10년 넘게 뉴타운맨션삼호아파트에 거주했는데, 학의천을 건너 1기 신도시인 평촌이 입주했다. 그 당시 삼호아파트도 좋은 곳이었지만, 만족하지 않고 1기 신도시의 쾌적한 환경을 찾아 목련마을평촌두산아파트로 갈아탔다.

이어서 서울 송파구 잠실엘스아파트가 탐이 났다. 2012년 쯤 송파구 잠실엘스아파트는 목련마을평촌두산아파트와 2억 원 정도 가격 차이가 났었다. 그 당시 2억 원이면 큰돈이지만, 나중에 더 벌어질 것 같았다.

그래서 2억 원을 더 대출받아 잠실엘스아파트로 갈아탔다. 현재 잠실엘스아파트와 목련마을평촌두산아파트는 가격 차이가 12억 원이 난다. 앞으로 이 가격 차이가 더 벌어졌으면 벌어졌지, 좁혀지지 않을 것이다. 아파트 가격은 퍼센트 단위로 오르기 때문이다. 똑같이 10% 오르면 목련마을평촌두산아파트는 1억 2,000만 원이 오르지만, 잠실엘스아파트는 2억 5,000만 원이 오를 것이다.

뉴타운맨션삼호아파트가 1980년에 분양할 때 얼마였는지 아는 가? 29평 분양가가 2,239만 원이었다. 현재 잠실엘스아파트의 가격은 24억 원이니 무려 107배로 자산을 불렸다. 그것도 딱 2번의 갈아타기로 말이다.

## B급 전략으로 청약 당첨, 불황기에 큰 평수로 갈아타다

내 지인은 경기도 오산에 있는 빌라의 최고층 3층에서 1,000만 원으로 신혼을 시작했다. 전세가가 9,000만 원이었는데, 8,000만 원 넘게 대출을 받아 들어갔다. 그러다 동탄2신도시가 한참 분양을 시작했다. 그 당시 호수공원 근처의 입주하는 아파트 분양권은 프리미엄이 없거나 심지어 마이너스 프리미엄도 있었다. 예를 들어 동탄호수 주변 부영아파트 단지들은 그 당시 분양가에서 500만 원을 뺀 값에 분양권을 사고팔았다.

무주택인 한 지인은 청약으로 동탄2신도시 레이크자연앤푸르지오아파트를 분양받으려 했다. 무주택 기간이 길지 않아 가점이 높지 않았다. 그래서 B급 전략으로 사람들이 선호하는 A타입을 선택하지 않고 사람들이 덜 선호하는 B타입을 선택했는데, 역시나 사람들이 덜 몰려서 청약 당첨이 됐다.

그 당시 34평을 3억 8,000만 원에 분양받았는데, 상승기 땐 9억 원이 넘는 가격에 거래됐다. 분양가가 5,000만 원 차이였던 38평이 34평과 2억 원 이상 차이가 나게 되는 추이를 지켜본 지인은 하락기 때 갈아타겠다고 다짐했다. 2022년부터 하락기가 오기 시작했고, 38평과 34평의 갭이 2억 원 이하로 줄어들었다. 많은 사람들이 겁내는 하락기였지만, 분위기 안 좋을 때가 기회라 생각한 지인은 과감히 34평을 팔고 38평으로 갈아탔다. 그리고 2023년 2월부터 동탄의 가격이 반등했다.

나는 지인이 판단을 무척 잘했다 생각한다. 동탄호수공원 주변에는 30평 후반 평형이 거의 없다. 입지 좋은 곳의 희소성 있는 큰 평형은 가치가 더 높아질 것이다. 1,000만 원으로 시작한 지인의 자산은 8년 만에 10억 원 이상으로 불어났다.

# 나는 욜로족이었다

대학생 때 한비야의 책 《바람의 딸 걸어서 지구 세 바퀴 반》을 읽었다. 밤 9시쯤이었던가. 한 문장에 눈에 들어왔다. "전 세계에서 한 곳의 여행지를 추천한다면, 나는 인도를 추천한다"라는 문장이었다. 전 세계를 여행하던 분이 왜 하필 인도를 추천했을까? 그 한 문장에 그날이 채 지나기 전 인도 가는 비행기표를 끊었다. 그것이 내 여행의 시작이었다. 인도 도착 후 며칠간은 낯선 문화에 힘들었지만, 이내 왜 작가가 인도를 가장 추천했는지 알게 됐다. 듣도 보도 못했던 인도의 매력에 푹 빠졌다. 그리고 정말 신나게 배낭 하나 메고 3주 넘게 인도를 쏘다녔다. 그렇게 여행의 맛에 들린 나는 대학생 때 아르바이트와 취업해 돈이 모일 때마다 비행기표를 끊고 여행을 떠났다. 주말에는 국내 여행지를 돌아다녔고, 휴가 때는 베트남, 라오스, 이집트, 요르단, 아르헨티나, 페루 등 이국적인 나라를 여행했다. 그 당시 욜로YOLO라는 단어는 없었지만, 돌이켜보면 나는 욜로족이었다.

결혼 후 자연스럽게 부동산을 접했다. 살 집이 필요하니 그 당시 5층 지방 아파트의 3층에 월세로 신혼집을 얻었다. 임신 계획하면서는 계단만 있는 집이 부담스러웠다. 엘리베이터 있는 24평 아파트에 전세로 들어가면서 부동산과의 접점을 조금씩 늘렸다. 그 당시는 너바나의《부동산과 맞벌이한다》, 김재수(렘군)의《당신에겐 집이 필요하다》, 청울림(유대열)의《나는 오늘도 경제적 자유를 꿈꾼다》같은 책에 빠졌다.

책이 권하는 대로 집 근처 부동산부터 시작해 다른 지역의 부동산을 보러 다녔다. 주말에는 새벽 5시 반에 일어나 멀리 있는 도시까지 임장을 다녔다. 나중에는 가족을 두고 혼자 임장 다닐 수 없어, 가족과 함께 다녔다. 먼 도시는 1박 2일, 더 먼 도시는 2박 3일, 3박 4일씩 가족과 임장 여행을 다녔다. 그렇게 몇 년 하고 나니 전국 모든 곳을 가게 되었고 전국을 대상으로 투자하게 되었다. 지금도 매주 주말 새벽에 일어나 임장하며 투자를 진행하고 있다.

## 📍 결국 부동산 입지 파악과 여행은 하나다

여행은 그 나라의 문화를 편견 없이 경험하고 이해하는 것이다. 같은 원리로 부동산 임장을 통해 입지를 분석하는 것은 곧 그 도시의 직장, 교통, 학원가(학군), 상권, 거주환경을 이해하는 것이다. 결국 여행과 부동산 입지는 하나의 흐름이었다. 많은 나라와 도시를 가봐야 나에게 가장 잘 맞는 여행지를 보석처럼 발견할 수 있듯이,

부동산도 마찬가지다. 많은 도시를 가보고 걸어보고 느껴보고 비교해봐야 실거주든 투자든 나의 목적에 잘 맞는 아파트를 고를 수 있는 것이다.

다만 직관적으로 정보를 받아들이는 여행과 다르게, 부동산은 다니며 기록을 해야 한다. 어떤 일자리가 있는지, 교통 호재는 뭐가 있고, 진행 상황은 어떤지, 중학교의 특목고 진학자 수는 어떤지, 고등학교는 서울대나 의대를 많이 보내는 학교가 어디인지, 또 주변에 이를 뒷받침할 학원가의 규모는 어떤지, 상권이 활성화돼 있는지, 활성화돼 있다면 유해 상권이 섞여 있는지, 퇴근 후 산책할 녹지공간이나 수공간이 있는지 비교해봐야 한다. 거주민의 입장에서 발품으로 하나하나 살펴봐야 하고, 손품으로 부지런히 기록해 수없이 비교해야 한다.

그렇게 여행하는 기분으로 힘들어도 전국을 다녔다. 모든 여행이 항상 달콤하지만은 않듯이 부동산 여행도 때론 고되고 지치고 힘들었다. 하지만 부동산 여행에는 진한 여운이 남았다. 독자분과 함께한 경기도 입지 여정도 진한 여운이 남았으면 좋겠다. 또 이 책이 누군가의 의견에 휘둘리지 않도록 돕는 부동산 길목의 나침반이 됐으면 좋겠다.

부동산 여행을 통해 나의 삶이 달라지는 것, 꽤 멋지지 않은가? 여행을 통해 나의 자산 규모를 한 단계 높이고, 또 다른 자산으로 갈아타기를 하고, 이전에는 상상할 수 없었던 자산을 갖게 되는 것. 자연스럽게 부동산을 통해 직장생활이 여유로워지고, 가족과 많은 시간을 보낼 수 있게 되고, 근사한 식당에서 밥을 먹는 여유로운 삶 말이다. 때론 길을 잘못 들고 수많은 시행착오를 겪겠지만 이 여행을 포기하지 않고 지속하길 권한다. 더 나아가 다른 사람이 포기하는 그 지점에서 한 걸음 더 내디뎌, 꿈꾸는 삶이 여러분에게 선물처럼 찾아가기를 바란다.

## 참고도서

김학렬(빠숑), 《대한민국 부동산 미래지도》, 한빛비즈, 2021

김학렬(빠숑), 《대한민국 부동산 사용설명서》, 에프엔미디어, 2020

김학렬(빠숑), 《서울 부동산 절대원칙》, 길벗, 2023

김학렬(빠숑), 《수도권 알짜 부동산 답사기》, 지혜로, 2019

김학렬(빠숑), 《이제부터는 오를 곳만 오른다》, 페이지2, 2020

박성혜(훨훨), 《그럼에도 나는 아파트를 사기로 했다》, 매일경제신문사, 2020

박성혜(훨훨), 《입지 센스》, 다산북스, 2022

심정섭, 《심정섭의 대한민국 학군지도》, 진서원, 2023

이재범(핑크팬더), 《경기도 아파트 지도》, 리더스북, 2022

이주현(월천대사), 《나는 부동산으로 아이 학비 번다》, 알키, 2017

# 수도권에 내 아파트 한 채 없겠어?

**초판 1쇄**  2024년 3월 18일

**지은이**  갓서블
**펴낸이**  허연
**편집장**  유승현    **편집2팀장**  정혜재

**책임편집**  이예슬
**마케팅**  김성현 한동우 구민지 이혜규
**경영지원**  김민화 오나리
**디자인**  김보현 한사랑

**펴낸곳**  매경출판㈜
**등록**  2003년 4월 24일(No. 2-3759)
**주소**  (04557) 서울시 중구 충무로 2 (필동1가) 매일경제 별관 2층 매경출판㈜
**홈페이지**  www.mkpublish.com    **스마트스토어**  smartstore.naver.com/mkpublish
**페이스북**  @maekyungpublishing    **인스타그램**  @mkpublishing
**전화**  02)2000-2612(기획편집) 02)2000-2646(마케팅) 02)2000-2606(구입 문의)
**팩스**  02)2000-2609    **이메일**  publish@mkpublish.co.kr
**인쇄 · 제본**  ㈜M-print  031)8071-0961
**ISBN**  979-11-6484-670-2(03320)